LA DÉMONDIALISATION

Du même auteur

La Fin de l'Empire. La désagrégation du système américain, Fayard, 2006.

LE SERPENT À PLUMES

WALDEN
BELLO

LA DÉMONDIALISATION

Idées pour une nouvelle économie mondiale

Nouvelle édition mise à jour

Traduit de l'anglais
par André Cabannes

ESSAI

Collection « Le Serpent à Plumes »,
dirigée par Nathalie Fiszman.

Titre original : ***Deglobalization. Ideas for a New World Economy.*** **(Updated edition).**

ISBN 978-2-268-07168-8

À PROPOS DE L'AUTEUR

Walden Bello est le fondateur et directeur de Focus on the Global South, un institut de recherche politique basé à Bangkok, en Thaïlande. Il était auparavant directeur opérationnel du Institute for Food and Development Policy, Food First, à Oakland, en Californie. Il est diplômé de l'université de Princeton, où il a obtenu son doctorat de sociologie en 1975. Il a ensuite enseigné à l'Université de Californie, Berkeley, où il était assistant de recherche au Center for South East Asian Studies (Centre d'étude sur l'Asie du Sud-Est). À présent, il est, entre autres, professeur de Sociologie et d'Administration publique à l'Université des Philippines.

Militant célèbre pour la justice et le développement international et, dans le Sud, l'un des principaux critiques indépendants des arrangements économiques globaux actuels, il a été lauréat en 2003 du Right Livelihood Award. Il est l'auteur de nombreux ouvrages, dont *The*

Future in the Balance, 2001 ; *Dark Victory : The United States, Structural Adjustment and Global Poverty*, avec Shea Cunningham, 1994 ; *People and Power in the Pacific : The Struggle for the Post-Cold War Order*, 1992. *La Fin de l'Empire. La désagrégation du système américain*, paru en 2006 aux éditions Fayard, est son premier essai traduit en français.

NOTE DE L'ÉDITEUR

Dans un souci de cohérence avec le sujet, nous avons conservé le mot « déglobalisation » au sein du texte, bien qu'en français, le terme consacré est « démondialisation ». La déglobalisation se référant à un concept qui touche plus de langues.

AVANT-PROPOS

La crise du projet globaliste et la nouvelle économie de George W. Bush

DEPUIS que l'édition anglo-saxonne de ce livre est parue en octobre 2002, j'ai eu plus d'espace et de temps pour spéculer et écrire sur la signification des derniers développements dans le projet de globalisation. Cet avant-propos rassemble mes idées les plus récentes sur le sujet.

En 1995, l'Organisation mondiale du commerce est née. Résultat de huit années de négociations, elle a été saluée par la presse de l'*establishment* comme le joyau de la gouvernance économique mondiale à l'ère de la mondialisation. On a présenté les presque vingt traités fondant l'OMC comme un ensemble de règles multilatérales qui élimineraient le pouvoir et la coercition dans les relations commerciales, en soumettant aussi bien les puissants que les faibles à un ensemble de règles communes soutenues par des moyens efficaces pour les appliquer. L'OMC était une étape historique, a déclaré George Soros, car c'était la seule institution supranationale à laquelle l'économie la plus puissante du monde, les États-Unis, se soumettrait[1]. On soulignait qu'à l'OMC, les puissants États-Unis et le petit Rwanda avaient exactement le même nombre de voix : une.

La première conférence ministérielle de l'Organisation mondiale du commerce (OMC) à Singapour en novembre 1996 s'est ouverte dans le triomphalisme, lorsque l'OMC, le Fonds monétaire international (FMI) et la Banque mondiale firent leur célèbre déclaration. Selon eux, leur défi à venir était désormais de rendre leurs politiques commerciale, financière, et de développement « cohérentes » afin de poser les bases de la prospérité globale.

La crise du projet globaliste

Au début de 2003, le triomphalisme a disparu. Alors que la cinquième conférence ministérielle

1. George Soros, *On Globalization*, New York, Public Affairs, 2002, p. 35.

de l'OMC approche[2], l'organisation est totalement bloquée. Un nouvel accord sur l'agriculture n'est nulle part en vue, car les États-Unis et l'Union européenne défendent chacun farouchement leurs subventions qui se chiffrent en milliards de dollars. Bruxelles est sur le point d'imposer des sanctions à Washington pour les allégements fiscaux qu'il continue d'accorder à ses exportateurs en violation des règles de l'OMC, tandis que Washington menace de déposer plainte auprès de l'OMC contre le moratoire de fait que pratique l'Union européenne sur les aliments génétiquement modifiés. Les pays en développement, dont certains avaient espéré que l'OMC apporterait plus d'équité au commerce global, s'accordent unanimement pour reconnaître que tout ce que leur a apporté leur adhésion à l'OMC sont des coûts, pas des bénéfices. Ils sont résolus à ne plus ouvrir davantage leurs marchés, sauf sous la coercition et l'intimidation. Au lieu d'annoncer de nouveaux progrès dans la libéralisation du commerce global, la conférence de Cancún marquera sans doute une impasse.

Le contexte permettant de comprendre cette impasse à l'OMC est la crise du projet globaliste – dont la principale réussite a été la création de

---

2. Conférence de Cancún, au Mexique, du 10 au 14 septembre 2003. *(N.d.T.)*

l'OMC – et l'émergence de l'unilatéralisme comme principal aspect de la politique étrangère américaine. Mais tout d'abord, quelques observations sur la globalisation et le projet globaliste. La globalisation est l'intégration globale accélérée de capital, de production et de marché, dans un processus obéissant à la logique de profit des grandes entreprises.

La globalisation a connu en réalité deux phases: la première allant du début du XIXe siècle jusqu'à l'éclatement de la Première Guerre mondiale en 1914; la deuxième du début des années quatre-vingt à aujourd'hui. La période intermédiaire a été marquée par la prédominance des économies capitalistes nationales caractérisées par un degré important d'interventionnisme de l'État et une économie internationale soumise à de fortes contraintes sur le commerce et la circulation des capitaux. Ces contraintes nationales et internationales sur le marché, qui résultaient à l'intérieur de chaque pays de la dynamique des conflits de classe et à l'international de la compétition intercapitaliste, ont été présentées par les néolibéraux comme la cause de distorsions qui expliquent collectivement la stagnation des économies capitalistes et de l'économie globale à la fin des années soixante-dix et au début des années quatre-vingt.

Comme la première phase de globalisation, la seconde phase a été caractérisée par l'accession à l'hégémonie de l'idéologie néolibérale, qui a pour objectif premier « la libération du marché » à travers une privatisation, une déréglementation et une libéralisation commerciale accélérées. Pour simplifier, il existait deux versions de l'idéologie néolibérale : une version « dure » Thatcher/Reagan et une version « molle » Blair/Soros (la globalisation avec « filets de sécurité »). Mais dans les deux cas, il s'agissait de libérer les forces du marché et d'enlever ou d'atténuer les contraintes imposées aux entreprises transnationales par le travail, l'État et la société.

Trois épisodes dans la crise de la globalisation

On peut distinguer trois épisodes dans l'aggravation de la crise du projet globaliste.

Le premier a été la crise financière asiatique de 1997. Cet événement, qui a mis à bas les fiers « tigres » d'Asie du Sud-Est, a révélé que l'un des principes fondamentaux de la globalisation – la libéralisation du compte financier[3] afin de

3. La balance des paiements de chaque pays est formée de deux grandes parties : le compte courant (flux de biens et services et autres flux tangibles avec l'étranger), et le compte financier (flux de capitaux : actions, obligations, titres financiers divers, monnaies et or). Le compte financier paye ou reçoit en paiement le solde du compte courant. *(N.d.T.)*

promouvoir des flux de capitaux plus libres, particulièrement les capitaux financiers ou spéculatifs – pouvait être déstabilisant. Il a été démontré que la crise financière asiatique était en fait simplement la dernière d'une série d'au moins huit crises financières majeures depuis le début de la libéralisation des flux financiers globaux à la fin des années soixante-dix[4]. On a vu à quel point la libéralisation des marchés des capitaux pouvait être déroutante quand, en l'espace de quelques semaines, un million de personnes en Thaïlande et vingt et un millions en Indonésie ont basculé sous le seuil de pauvreté[5].

La crise financière asiatique a été le « Stalingrad » du FMI, le principal promoteur global des flux de capitaux libéralisés. Les résultats de son entreprise ambitieuse, consistant à imposer à une centaine d'économies en développement et en transition des « ajustements structurels », ont été revus à la lumière de cette crise. Et des signes alarmants, sur lesquels différents organismes comme le Programme des Nations

---

4. Voir la Conférence des Nations unies sur le commerce et le développement, *Trade and Development Report*, 1998. Et Barry Eichengreen, Bankim Chadha et Donald Mathieson, *Hedge funds and financial market dynamics*, *Occasional Paper*, p. 166, Fonds monétaire international, Washington, DC, 1998.

5. Chomthongdi Jacques-chai, « The IMF's Asian Legacy », dans *Prague 2000 : Why We Need to Decommission the IMF and the World Bank*, Bangkok, Focus on the Global South, 2000, pp. 18, 22.

unies pour le développement (PNUD) ou la Conférence des Nations unies sur le commerce et le développement (CNUCED) avaient attiré l'attention dès la fin des années quatre-vingt, sont devenus maintenant des réalités. Les programmes d'ajustement structurel conçus pour accélérer la déréglementation, la libéralisation du commerce et la privatisation ont presque partout institutionnalisé la stagnation, aggravé la pauvreté et augmenté les inégalités.

Un paradigme est vraiment en crise quand ses meilleurs praticiens l'abandonnent, comme l'a souligné Thomas Kuhn dans son ouvrage *La Structure des révolutions scientifiques*. Quelque chose de similaire à ce qui est arrivé durant la crise du paradigme copernicien en physique est arrivé à l'économie néoclassique peu après la crise financière asiatique, quand nombre d'intellectuels en vue ont quitté le navire – parmi lesquels Jeffrey Sachs, connu auparavant pour avoir recommandé un traitement de choc de « marché libre » en Europe de l'Est au début des années quatre-vingt-dix ; Joseph Stiglitz, ancien économiste en chef de la Banque mondiale ; Jagdish Bhagwati, professeur à l'université de Columbia, qui a appelé à un contrôle global sur les flux de capitaux ; et le financier George Soros, qui a condamné le manque de contrôle du système financier global qui l'avait enrichi.

Le second épisode de la crise du projet globaliste a été l'effondrement de la troisième conférence ministérielle de l'OMC à Seattle en décembre 1999. Seattle se trouvait au point de convergence fatal de trois courants de conflit et de colère accumulés depuis quelque temps :

- les pays en développement supportaient mal les inégalités des accords de l'Uruguay Round qu'ils s'étaient sentis forcés de signer en 1995 ;
- une opposition populaire massive à l'OMC a émergé globalement d'une myriade de secteurs de la société civile globale, incluant des agriculteurs, des pêcheurs, des syndicalistes et des défenseurs de l'environnement. Avec un grand nombre de ses accords constituant une menace au bien-être de chaque secteur, l'OMC est parvenue à unifier la société civile globale contre elle ;
- des conflits commerciaux étaient non résolus entre l'Union européenne et les États-Unis, particulièrement dans l'agriculture, qui avait simplement été noyée sous la masse de papiers des accords de l'Uruguay Round.

La combinaison de ces trois éléments volatils a conduit à l'explosion de Seattle, les pays en développement se rebellant contre les diktats du Nord au Seattle Convention Center, 50 000 militants se massant dans les rues, et des différences de vue empêchant l'Union européenne et les États-Unis d'agir de concert pour sauver la conférence. Dans un moment de lucidité, juste après la débâcle de Seattle, le ministre britannique des Affaires étrangères Stephen Byers résuma l'essence de la crise: « L'OMC ne pourra pas continuer dans sa forme présente. Il devra y avoir des changements fondamentaux et radicaux afin de satisfaire les besoins et les aspirations de ses 134 membres[6]. »

Le troisième épisode de la crise fut l'effondrement de la Bourse à la fin du boom des années Clinton. Ce n'était pas seulement l'éclatement d'une bulle mais un cas d'école d'une crise capitaliste classique de surproduction, qui s'est manifestée principalement dans des surcapacités massives. Avant le krach, les profits des grandes entreprises américaines n'avaient plus augmenté depuis 1997, cela étant dû aux surcapacités industrielles. L'exemple le plus spectaculaire est le secteur en difficulté des télécommunications, où seulement 2,5 % de la capacité installée dans le monde étaient utilisés. La stagnation de l'économie réelle a déclenché une migration des

6. Cité dans l'article « Deadline Set for WTO Reform », *Guardian News Service*, 10 janvier 2000.

capitaux vers le secteur financier, avec pour résultat une hausse vertigineuse du prix des actions. Étant donné que la profitabilité dans le secteur financier ne peut pas trop s'écarter de la profitabilité de l'économie réelle, un effondrement des valeurs boursières était inéluctable. Il a eu lieu en mars 2001, conduisant à une stagnation prolongée et un début de déflation.

Il y a probablement une raison structurelle plus profonde qui explique la durée de la stagnation ou de la déflation présentes, menaçant constamment de tourner à la récession. Il se peut, comme de nombreux économistes l'ont dit, que nous soyons à la fin d'un des fameux « cycles de Kondratieff ». Avancée par l'économiste russe Nicolaï Kondratieff, cette théorie suggère que les progrès du capitalisme global suivent non seulement les cycles des affaires à court terme mais aussi des « supercycles » à long terme. Les cycles de Kondratieff durent entre cinquante et soixante années en moyenne. Lors de la phase ascendante d'un cycle de Kondratieff, on assiste à l'exploitation intensive de nouvelles technologies. Elle est suivie d'une période de crête tandis que l'exploitation technologique mûrit. Vient ensuite la phase descendante où les technologies de la période précédente ont des rendements décroissants, et l'exploitation de nouvelles technologies ne produit pas encore de profit. Enfin, on arrive dans le creux de cette vague, ou dans une période déflationniste prolongée.

Cette dernière tendance a eu lieu dans les années trente et quarante, lors de la Grande Dépression puis la Seconde Guerre mondiale. La phase ascendante du nouveau cycle a commencé dans les années cinquante, la crête ayant été atteinte dans les années quatre-vingt et quatre-vingt-dix. L'exploitation profitable des avancées d'après-guerre dans les secteurs clés de l'énergie, l'automobile, la pétrochimie et les industries manufacturières s'est essoufflée tandis que les technologies de l'information étaient encore relativement jeunes. De ce point de vue, la « Nouvelle Économie » de la fin des années quatre-vingt-dix n'était pas une phase montante exceptionnelle du cycle des affaires à court terme, comme beaucoup d'économistes l'ont cru, mais la fin de la période ascendante du supercycle avant la déflation prolongée. Et ce qui rend unique la conjoncture déprimée présente est la rencontre entre la phase descendante du cycle à court terme et le début de la descente dans le supercycle de Kondratieff. Pour reprendre la formule d'un autre économiste célèbre, Joseph Schumpeter, l'économie globale semble être entrée dans une période prolongée de « destruction créatrice ».

La nouvelle économie de George W. Bush

La crise de la globalisation, du néolibéralisme et de la surproduction permet de contextualiser – donc de comprendre – la politique économique de l'administration Bush, notamment sa poussée vers l'unilatéralisme. Le projet globaliste des entreprises correspondait à la volonté partagée par les élites capitalistes globales de développer l'économie mondiale, et à leur dépendance les unes des autres. Cependant, la globalisation n'a pas éliminé la concurrence entre les élites nationales. En fait, les élites dirigeantes des États-Unis et d'Europe comprenaient aussi des factions qui étaient plus nationalistes de caractère et aussi plus dépendantes de l'État pour leur survie et leur prospérité, comme le complexe militaro-industriel aux États-Unis, par exemple. Il existait en effet, depuis les années quatre-vingt, une concurrence sévère entre la faction plus globaliste de l'élite dirigeante, qui mettait l'accent sur l'intérêt commun de la classe capitaliste pour une économie mondiale en croissance, et la faction plus nationaliste et hégémoniste, qui voulait surtout assurer la suprématie des intérêts des grandes entreprises américaines.

Comme l'a souligné Robert Brenner, la politique de Bill Clinton et de son secrétaire au Trésor[7] Robert

7. Équivalent de ministre des Finances. *(N.d.T.)*

Rubin, s'est focalisée sur le développement de l'économie mondiale comme base de la prospérité de la classe capitaliste globale. Par exemple, au milieu des années quatre-vingt-dix, ils ont appliqué une politique de dollar fort pour stimuler le redressement des économies japonaise et allemande, afin qu'elles puissent servir de marché pour les biens et services américains. L'administration précédente plus nationaliste de Reagan avait au contraire déployé une politique de dollar faible afin de fortifier la compétitivité de l'économie américaine aux dépens des économies japonaise et allemande[8]. Avec l'administration de George W. Bush, nous sommes revenus à une politique économique incluant un dollar faible dans le but de relancer l'économie américaine aux dépens des autres économies du centre et de favoriser principalement les intérêts de l'élite des grandes entreprises américaines au lieu de ceux de la classe capitaliste globale en période de ralentissement global.

Plusieurs aspects de cette approche méritent d'être soulignés :

- l'économie politique de Bush est très méfiante à l'égard d'un processus de globalisation qui ne serait pas géré par une Amérique s'assurant qu'il n'amoindrit pas la

8. Robert Brenner, *The Boom and the Bubble*, New York, Verso, 2002, pp. 128-133.

puissance économique des États-Unis. Permettre au marché d'être le seul moteur de la globalisation pourrait avoir pour résultat que des grandes entreprises américaines stratégiques soient victimes de la globalisation et risquerait de compromettre les intérêts économiques américains. Ainsi, en dépit de la rhétorique sur le libre marché, nous avons un groupe qui est très protectionniste dès qu'il s'agit de commerce, d'investissement et de contrats avec l'État. Il semble que la devise des partisans de Bush soit le protectionnisme pour les États-Unis et le libre-échange pour les autres pays ;

– l'approche de Bush fait preuve d'un fort scepticisme sur le multilatéralisme en tant que méthode de gouvernance économique globale, car même si le multilatéralisme peut promouvoir les intérêts de la classe capitaliste globale en général, il peut aussi, dans de nombreux cas, entrer en conflit avec les intérêts de grandes entreprises américaines en particulier. L'ambivalence croissante de la coterie bushienne vis-à-vis de l'OMC vient du fait qu'elle a pris un grand nombre de décisions en défaveur des États-Unis, et que celles-ci risquent de faire du tort au capital américain tout en servant les intérêts du capitalisme dans son ensemble ;

– pour les gens du clan Bush, la puissance stratégique est la forme ultime du pouvoir. Le pouvoir économique n'est qu'un moyen pour atteindre la puissance stratégique. Cela est lié au fait que sous l'administration Bush, la faction dominante de l'élite dirigeante est l'*establishment* militaro-industriel qui a gagné la guerre froide. Le conflit entre les globalistes et les unilatéralistes – ou nationalistes – selon cet axe apparaît dans l'approche vis-à-vis de la Chine. L'approche globaliste met l'accent sur son engagement avec la Chine, voyant l'importance de ce marché principalement en tant que zone d'investissement pour le capital américain. Tandis que les nationalistes voient avant tout en la Chine un ennemi stratégique, et voudraient plutôt la contenir que favoriser sa croissance ;
– dans le paradigme bushien, cela va sans dire, il n'y a pas de place pour la protection de l'environnement. Elle est perçue comme un problème dont les autres doivent se soucier, pas les États-Unis. Il existe même, en réalité, un puissant groupe de pression qui pense que les préoccupations environnementales, comme par exemple celles concernant les OGM, sont une conspiration européenne afin de priver les États-Unis de leur avantage high-tech dans la compétition globale.

Si l'on tient ces principes comme base de l'action, alors les éléments importants suivants de la politique économique américaine récente s'expliquent parfaitement :

- *contrôler le pétrole du Moyen-Orient.* Même si cela n'épuisait pas les objectifs militaires de l'administration Bush en envahissant l'Irak, c'était certainement haut dans la liste. La concurrence avec l'Europe étant un aspect de plus en plus important de la relation transatlantique, c'était clairement en partie l'Europe qui était visée. Mais peut-être que l'objectif encore plus stratégique était de préempter les ressources de la région afin de contrôler l'accès à celles-ci par la Chine, pauvre en ressources énergétiques, et vue comme l'ennemi stratégique des États-Unis[9] ;
- *protectionnisme agressif en matière d'investissement et de commerce.* Les États-Unis ont accumulé les actes protectionnistes, l'un des plus insolents étant d'avoir bloqué tout progrès dans les négociations à l'OMC en défiant la Déclaration de Doha, qui proclame la prééminence des questions de santé publique sur les droits de propriété intellectuelle, et en

9. David Harrey, *Discours at the Conference on Trends in Globalization*, Université de Californie à Santa Barbara, du 1er au 4 mai 2003.

limitant le desserrement des droits sur les brevets à seulement trois maladies en réponse à son puissant groupe de pression pharmaceutique. Tout en n'éprouvant aucune gêne à voir les négociations de l'OMC ne pas aboutir, Washington a consacré tous ses efforts pour signer avec d'autres pays des accords commerciaux bilatéraux ou multilatéraux tels que le Free Trade Area of the Americas (FTAA, zone de libre-échange des Amériques), avant que l'Union européenne n'en fasse autant. Le terme « accord de libre-échange » est du reste trompeur puisqu'il s'agit en réalité d'accords stipulant une préférence commerciale ;

– *prise en compte des considérations stratégiques dans les accords commerciaux.* Dans une récente allocution, le représentant américain au Commerce, Robert Zoellick, a déclaré que « les pays candidats à des accords de libre-échange avec les États-Unis ne sont pas seulement évalués sur des critères économiques et commerciaux pour être éligibles. Au minimum, ces pays doivent coopérer avec les États-Unis sur la politique étrangère et les objectifs de sécurité nationale, cela faisant partie de treize critères guidant la sélection par les États-Unis de partenaires potentiels pour le libre-échange. » La Nouvelle-Zélande, peut-être l'un des pays les plus engagés dans le libre-échange sur le plan doctrinal, n'a néanmoins pas reçu d'offre d'accord car sa politique interdit les visites de navires nucléaires, ce que les États-Unis considèrent comme les visant directement[10];

– *manipulation de la valeur du dollar pour faire passer les coûts de la crise économique à des rivaux parmi les économies du centre, et redonner à l'économie américaine de la compétitivité.* Une lente dépréciation du dollar vis-à-vis de l'euro peut être interprétée comme des ajustements par le marché, mais on ne peut pas regarder la chute de 25 % en valeur comme une simple politique de négligence bénigne. Bien que l'administration Bush ait démenti la politique du chacun pour soi, la presse américaine des affaires l'a prise pour ce qu'elle est : un effort pour stimuler l'économie américaine aux dépens de l'Union européenne et des autres économies du centre ;

– *manipulation agressive des institutions multilatérales pour favoriser les intérêts du capital américain.* S'il est difficile de la pratiquer à l'OMC à cause du poids de l'Union

10. « Zoellick Says FTA Candidates Must Support US Foreign Policy » (Zoellick dit que les candidats aux accords de libre-échange doivent soutenir la politique étrangère américaine), *Inside US Trade*, 16 mai 2003. Cet article résume un discours de Zoellick du 8 mai 2003.

européenne, ça l'est davantage à la Banque mondiale et au FMI, où la prépondérance américaine est effectivement mieux établie. Par exemple, malgré le soutien à la proposition par plusieurs gouvernements européens, le Trésor américain a récemment torpillé la proposition de la direction du FMI d'un mécanisme de restructuration des dettes souveraines (MRDS) afin de permettre aux pays en développement de rééchelonner leur dette tout en les protégeant contre leurs créanciers. Alors qu'il s'agit d'un mécanisme déjà très modeste, le Trésor américain a opposé son veto au MRDS dans l'intérêt des banques américaines[11] ;

– *enfin et particulièrement pertinent pour nos discussions à venir, faire porter aux économies du centre et aux pays en développement le fardeau de l'ajustement à la crise de l'environnement.* Tandis que certains dans le clan Bush ne croient pas qu'il y ait une crise de l'environnement, d'autres savent que les taux actuels d'émission à effet de serre sont intenables à terme. Cependant, ils veulent que les autres prennent en charge la plus grande partie de l'ajustement, car cela

---

11. Sur l'aggravation des conflits entre le département du Trésor américain et les fonctionnaires du FMI, voir Nicola Bullard, « The Puppet Master Shows His Hand », dans *Focus on Trade*, n° 76, avril 2002. http://focusweb.org/publications/2002/the-puppet-master.html

permettrait non seulement d'exempter l'industrie américaine, inefficace sur le plan de l'environnement, des coûts d'ajustement, mais d'entraver les autres économies avec des coûts encore plus grands que si les États-Unis participaient dans un processus équitable d'ajustement, donnant ainsi à l'économie américaine un fort avantage dans la compétition globale. Une *Realpolitik* économique brutale, et non un aveuglement fondamentaliste, est à l'origine de la décision de Washington de ne pas signer le Protocole de Kyoto sur les changements climatiques.

L'économie et la politique d'extension excessive

Étant fortement rattachée à des objectifs stratégiques, toute discussion sur les conséquences probables de la politique économique de l'administration Bush doit prendre en compte l'état des économies américaine et mondiale et la configuration stratégique générale. Un des facteurs fondamentaux de réussite d'une gestion impériale est l'expansion des économies nationale et internationale – chose exclue en période de déflation et de stagnation prolongée comme celle dans laquelle nous entrons, qui accentuera plutôt les rivalités intercapitalistes.

De plus, les ressources incluent non seulement les ressources économiques et politiques, mais aussi celles politiques et idéologiques. Car sans légitimité – sans ce que Gramsci appelait « le consensus » des dominés qu'un système de règles est juste –, une gestion impériale ne peut pas être stable.

Confrontés au problème similaire d'assurer la stabilité à long terme de leur domination, les anciens Romains trouvèrent une solution qui créa ce qui a été jusqu'alors le plus extraordinaire cas de loyauté collective jamais atteint: cela prolongea la durée de l'empire pendant sept cents ans. La solution romaine n'était pas seulement, ni même principalement, de nature militaire. Les Romains se rendirent compte qu'un aspect important du succès de la domination impériale était un consensus parmi les dominés sur la « justesse » de l'ordre romain. Comme l'observe le sociologue Michael Mann dans son classique *The Sources of Social Power*, « l'avantage décisif » n'était pas tant militaire que politique. « Les Romains, écrit-il, ont par hasard et de manière graduelle inventé la citoyenneté territoriale étendue[12]. » L'extension de la citoyenneté romaine à des groupes dirigeants et à des peuples non asservis, à

12. Michael Mann, *The Sources of Social Power*, vol. I, Cambridge, Cambridge University Press, 1986, p. 254.

travers tout l'empire, était une percée politique qui a produit « l'engagement collectif le plus large jamais mobilisé ». La citoyenneté politique s'est combinée avec la perception que l'empire assurait la paix et la prospérité pour tous, afin de créer cet élément moral intangible mais essentiel qui s'appelle la légitimité.

Évidemment, l'extension de la citoyenneté ne joue aucun rôle dans l'ordre impérial américain. En fait, la citoyenneté américaine est jalousement réservée à une toute petite minorité de la population du globe, et l'entrée sur le territoire américain est sévèrement contrôlée. Les populations subordonnées ne doivent pas être intégrées mais maintenues sous contrôle, soit par la force ou la menace de l'usage de la force, soit par un système global ou régional de règles et d'institutions – l'Organisation mondiale du commerce, le système de Bretton Woods, l'OTAN – qui sont de plus en plus instrumentalisées dans l'intérêt du centre impérial.

Bien que l'extension de la citoyenneté universelle n'ait jamais été un outil de l'arsenal impérial américain, Washington a trouvé une formule politique pour légitimer son emprise sur le monde, pendant sa lutte contre le communisme. Les deux éléments de cette formule étaient le multilatéralisme comme système de gouvernance globale et la démocratie libérale.

Peu après la fin de la guerre froide, beaucoup s'attendaient de fait à une version moderne de la *Pax Romana*. On espérait dans les cercles libéraux[13] que les États-Unis utiliseraient leur statut de superpuissance unique pour soutenir un ordre multilatéral qui institutionnaliserait leur hégémonie mais garantirait une paix impériale globale. C'était la voie de la globalisation économique et de la gouvernance multilatérale. C'était la voie éliminée par l'unilatéralisme de George W. Bush.

Comme Frances Fitzgerald l'a fait observer dans *Fire in the Lake*, la promesse d'étendre la démocratie libérale a été un idéal très puissant qui a accompagné les armes américaines durant la guerre froide[14]. Aujourd'hui cependant, la démocratie libérale, qu'elle soit de type Washington ou de type Westminster, est en difficulté dans tout

13. « libéral » aux États-Unis correspond à « centre gauche » en France. *(N.d.T.)*

14. Frances Fitzgerald, *Fire in the Lake*, New York, Random House, 1973, p. 116. « L'idée que la mission des États-Unis était d'installer la démocratie dans le monde entier était devenue un aspect convenu de la politique américaine dans les années cinquante. Dans certains milieux, il était plus ou moins admis que la démocratie, c'est-à-dire la démocratie élective, associée à la propriété privée et aux libertés civiles, était ce que les États-Unis avaient à offrir au tiers-monde. La démocratie fournissait non seulement le fondement de l'opposition de l'Amérique au communisme mais aussi la méthode pratique garantissant que cette opposition fonctionnerait. »

le monde en développement, où elle se réduit simplement à une façade pour un ordre oligarchique, comme aux Philippines, au Pakistan d'avant Musharraf et à travers toute l'Amérique latine. En fait, la démocratie libérale en Amérique est devenue à la fois moins démocratique et moins libérale. Certainement, rares sont ceux dans le monde en développement qui tiennent un système alimenté et corrompu par l'argent des grandes entreprises comme un modèle.

Le rétablissement de la vision morale nécessaire à la création d'un consensus en faveur de l'hégémonie américaine sera extrêmement difficile. En effet, l'opinion répandue à Washington ces temps-ci est que le plus efficace pour construire un consensus est la menace d'employer la force. De plus, transparent dans leur discours selon lequel il faut imposer la démocratie au monde arabe, apparaît le principal objectif d'écrivains néoconservateurs influents comme Robert Kagan et Charles Krauthammer : manipuler les mécanismes démocratiques libéraux afin de créer une concurrence pluraliste qui détruirait l'unité arabe. Apporter la démocratie aux Arabes n'est pas tant une idée qu'un slogan que l'on énonce avec ironie.

Les partisans de Bush ne sont pas intéressés par la création d'une *Pax Romana*. Ce qu'ils veulent est une *Pax Americana* où la plupart des populations subordonnées, comme les populations arabes, sont maintenues sous contrôle par un solide respect du pouvoir létal américain, tandis que la loyauté d'autres groupes comme le gouvernement des Philippines est achetée avec la promesse d'argent. En l'absence de vision morale qui lierait la majorité globale au centre impérial, ce mode de gestion impériale ne peut inspirer qu'une seule chose : la résistance.

Le grand problème de l'unilatéralisme est l'extension excessive, ou l'inadéquation entre les objectifs des États-Unis et les ressources nécessaires pour atteindre ces objectifs. L'extension excessive est relative, c'est-à-dire qu'elle est dans une grande mesure fonction de la résistance. Un pouvoir trop étendu, même s'il augmente de manière importante ses moyens militaires, peut en réalité aggraver sa situation si la résistance qu'il rencontre s'accroît davantage. Voici les principaux signes d'une extension excessive :

- l'incapacité prolongée de Washington à créer un nouveau système politique en Irak qui servirait de fondation à l'ordre colonial ;
- l'échec de la consolidation d'un régime pro-américain en Afghanistan en dehors de Kaboul ;
- l'incapacité de l'allié clé, Israël, à mater, même avec le soutien illimité de Washington, le soulèvement du peuple palestinien ;

- l'embrasement des sentiments arabes et musulmans au Moyen-Orient et en Asie du Sud et du Sud-Est, qui a entraîné des gains idéologiques massifs pour les fondamentalistes islamistes – ce qui était le premier objectif d'Oussama ben Laden ;
- l'effondrement de l'Alliance atlantique de la guerre froide et l'apparition d'une nouvelle alliance, avec, à son centre, l'Allemagne et la France ;
- la création d'un mouvement puissant de la société civile globale contre l'unilatéralisme, le militarisme et l'hégémonie économique des États-Unis, sa manifestation la plus récente étant le mouvement contre la guerre ;
- l'accession au pouvoir de mouvements antinéolibéraux et antiaméricains jusque dans la zone d'influence immédiate de Washington – le Brésil, le Venezuela et l'Équateur – tandis que l'administration Bush est absorbée au Moyen-Orient ;
- un impact de plus en plus négatif du militarisme sur l'économie américaine, car les dépenses militaires sont toujours plus dépendantes du déficit, et le déficit est toujours plus dépendant de sources de financement étrangères, accentuant encore les contraintes et le stress sur une économie qui se débat déjà dans la stagnation.

En conclusion, le projet globaliste est en crise. La possibilité qu'il revienne via une présidence démocratique ou une présidence républicaine libérale ne peut pas être exclue, compte tenu du fait qu'il existe en particulier des voix ayant de l'influence dans la communauté américaine des affaires – parmi lesquels George Soros – et qui expriment leur opposition à la poussée unilatéraliste de l'administration Bush[15]. Selon nous, cependant, cela est improbable, et l'unilatéralisme régnera encore pendant un certain temps.

Nous sommes, en bref, entrés dans un maelström historique caractérisé par une crise économique prolongée, la propagation d'une résistance globale, la réapparition de l'équilibre des puissances entre les États du centre, et la réémergence de contradictions interimpérialistes aiguës. Nous devons avoir un solide respect pour la puissance américaine, mais nous ne devons pas la surestimer. Il y a des

---

15. George Soros, *America's Role in the World*, discours à la Paul H. Nitze Shool of Advanced International Studies, Washington, DC, 7 mars 2003. Soulignant qu'il avait soutenu l'intervention dans les Balkans, y compris une « intervention de l'OTAN sans mandat de l'ONU », Soros dénonçait la guerre en Irak, au motif qu'elle avait pour origine un fondamentalisme malsain et qui a des conséquences catastrophiques sur les relations entre les États-Unis et le reste du monde. Les arguments qu'il développe sont ceux qu'on entend non seulement dans les milieux démocrates libéraux de Washington mais aussi dans les milieux « pragmatiques » du parti républicain et à Wall Street.

signes que les États-Unis d'Amérique ont une extension excessive et que ce qui semble des manifestations de force peut en réalité révéler une faiblesse stratégique.

1

Introduction : les multiples crises du capitalisme global

LE SUJET de ce livre est la genèse et le développement du système actuel de gouvernance économique globale et ses alternatives. Il se concentre sur ce que l'on classe dans la rubrique des institutions multilatérales, c'est-à-dire le G8, les institutions de Bretton Woods et l'Organisation mondiale du commerce. Bien que l'on décrive généralement la fonction de ces institutions comme étant la gouvernance – mot d'une agréable neutralité –, il serait plus exact de décrire leur rôle comme le maintien de l'hégémonie du système de capitalisme global et la promotion de la prééminence des États et des intérêts économiques qui en sont les premiers bénéficiaires.

Vers le milieu des années quatre-vingt-dix, ce système de gouvernance économique globale est entré en crise. La crise des institutions multilatérales, cependant, n'est qu'un aspect d'une crise plus vaste de légitimité qui affecte l'ensemble du système de capitalisme global. Le signe le plus évident de cette crise a été l'apparition d'un puissant mouvement d'opposition aux représentants des pouvoirs établis, des grandes entreprises et des organisations multilatérales, conférence après conférence, ville après ville, le plus important d'entre eux étant connu sous le nom de « bataille de Seattle ». Le 11-Septembre a stoppé net le mouvement, et de nombreux observateurs issus de l'*establishment* ont estimé avec confiance qu'il avait cessé d'être un acteur global significatif. Pourtant, comme l'ont révélé les foules rassemblées à Barcelone au début du mois de mars 2002 à l'occasion du sommet de l'Union européenne et à Porto Alegre quelques semaines plus tôt pour le Forum social mondial (FSM), ils se trompaient.

Ce sont les différentes dimensions de cette crise plus vaste qui sont esquissées dans cette introduction. Nous allons regarder plus spécifiquement six crises qui s'entrecroisent : celles du multilatéralisme, la vision néolibérale et l'ordre qui en résulte, la grande entreprise, le système d'hégémonie militaire, la démocratie libérale et le système global de production.

Du triomphe à la crise

La dernière décennie du XXe siècle a commencé par l'effondrement avec fracas des économies socialistes d'Europe de l'Est. On a alors entendu beaucoup de discours triomphalistes sur l'émergence d'une nouvelle économie globale guidée par le marché, qui rendait les frontières obsolètes et chevauchait sur les progrès des technologies de l'information. Les agents les plus importants de cette nouvelle économie globale étaient les corporations transnationales, décrites comme l'incarnation suprême du libre marché grâce à leur capacité supérieure à combiner le plus efficacement la terre, le travail, le capital et la technologie.

Le 1er janvier 1995, l'Organisation mondiale du commerce (OMC) est née. Les partisans de la globalisation affirmaient qu'elle fournirait le cadre légal et institutionnel de la nouvelle économie globale. En créant un système global dont les règles seraient fondées sur le principe essentiel du libre-échange, l'OMC servirait de catalyseur à un processus économique qui apporterait des bienfaits au plus grand nombre. C'était le troisième pilier d'une sainte trinité soutenant le nouvel ordre économique, les deux autres étant le Fonds monétaire international

(FMI)[1], qui promouvrait une circulation des capitaux toujours plus libre, et la Banque mondiale qui superviserait la transformation des pays en développement selon les principes du libre marché et gérerait leur intégration dans l'économie globale.

L'effondrement du multilatéralisme

Cependant, même lorsque les prophètes de la globalisation annonçaient l'obsolescence croissante de l'État-nation, les principaux bénéficiaires de l'ordre global post-guerre froide restaient les États-Unis. Bien qu'il dût être un mécanisme favorisant un commerce plus libre, les accords les plus importants de l'OMC renforçaient le monopole des entreprises américaines : l'Accord sur les aspects des droits de propriété intellectuelle qui touchent au commerce (Accord ADPIC[2]) consolidait l'emprise sur les innovations de haute technologie par les grandes entreprises américaines comme Intel, Microsoft et Monsanto, tandis que l'Accord sur l'agriculture institutionnalisait

1. De 1978 à 1987, le FMI était dirigé par Jacques de Larosière, et de 1987 à 2000 par Michel Camdessus. *(N.d.T.)*

2. En anglais : Agreement on Trade-Related Aspects of Intellectual Property Rights (TRIPS Agreement). *(N.d.T.)*

dans les marchés des autres pays un système de concurrence monopolistique entre les intérêts de l'agro-industrie des États-Unis et de l'Union européenne.

Quand la crise financière asiatique a englouti des pays que d'aucuns dans le monde des affaires considéraient comme les plus formidables concurrents de l'Amérique, Washington n'a pas tenté de sauver les économies asiatiques en promouvant des politiques expansionnistes. Au lieu de cela, il a utilisé le FMI pour démanteler les structures du capitalisme asiatique assisté par l'État considérées jusqu'alors comme de redoutables barrières contre l'entrée des biens et des investissements des transnationales américaines, lesquelles vociféraient depuis quelque temps pour obtenir leur part du « miracle asiatique ». C'était moins leur foi dans la diffusion des bénéfices prétendus du libre-échange que la maximisation géoéconomique et géostratégique de leur avantage qui était derrière le soutien des États-Unis aux politiques du FMI, de la Banque mondiale et de l'OMC.

Agir pour promouvoir ses intérêts sous couvert d'accords multilatéraux a été la stratégie américaine la plus prisée durant la plus grande partie de l'après-guerre, que ce soient les institutions de Bretton Woods, les Nations unies, ou le Groupe des 7 qui fournissent le cadre pour « la direction hégémonique ». Cependant, quand ces institutions allaient à l'encontre des intérêts des États-Unis, Washington n'hésitait pas à agir unilatéralement. Ce fut de plus en plus souvent le cas dans les années quatre-vingt-dix, avec la disparition du concurrent soviétique qui incitait à prendre une posture multilatérale.

L'instrumentalisation des agences multilatérales était évidente en ce qui concerne l'Organisation des Nations unies. Tout en utilisant les Nations unies en tant que couverture à sa politique d'isolement de l'Irak, Washington refusait de verser sa contribution à l'ONU, étant sous l'influence de la droite républicaine irritée que cette organisation mondiale ne se prosterne pas de tout cœur devant la politique américaine. Quand ils ne parvenaient pas à obtenir un mandat, les États-Unis négligeaient alors simplement l'ONU et se tournaient, pour mettre en œuvre leurs projets, vers des institutions plus dociles. C'est ce qu'ils firent quand ils s'appuyèrent sur l'OTAN pour bombarder la Yougoslavie lors du conflit du Kosovo en 1999.

Le G7 – plus tard G8 après l'adjonction de la Russie – est apparu dans les années soixante-dix pour fournir un mécanisme de prise de décision plus multilatérale entre les pays capitalistes avancés, plus spécialement en matière économique.

Cependant – particulièrement durant l'administration de George W. Bush – Washington s'est embarqué dans une voie unilatérale qui l'a fait entrer dans un conflit aigu avec les autres membres sur des sujets brûlants comme le bannissement des mines antipersonnel, le changement climatique, les missiles de défense et la réconciliation entre les deux Corée. La brusque mise au rancart par Washington d'un accord laborieusement négocié, le Protocole de Kyoto sur les changements climatiques, marqua une nouvelle aggravation de sa conduite unilatérale.

Le G8 atteignit son nadir lors de son sommet annuel à Gênes en juillet 2001, quand plus de 200 000 personnes vinrent d'Europe et du reste du monde pour protester contre le cadre de néolibéralisme et une Amérique unilatérale qu'il imposait à la planète.

Après les événements du 11 septembre 2001, certains s'attendaient à une renaissance du multilatéralisme tandis que les États-Unis cherchaient à mettre en place une alliance militaire globale contre le terrorisme. La coopération entre les États-Unis et l'Union européenne a évité à la quatrième conférence ministérielle de l'OMC en novembre 2001[3] une fin comme la troisième

3. À Doha, au Qatar. *(N.d.T.)*

conférence à Seattle, qui s'était terminée dans la confusion. Néanmoins, quelques mois plus tard, l'administration Bush était de nouveau la championne de l'unilatéralisme quand elle se retira de la Cour pénale internationale nouvellement créée et annonça son intention de ne pas renouveler le Traité de défense contre les missiles balistiques que Washington avait négocié avec l'Union soviétique en 1972.

La crise de l'ordre néolibéral

Le recours croissant à l'unilatéralisme et la manipulation éhontée par les États-Unis des mécanismes multilatéraux afin d'assurer leur hégémonie ont été l'une des causes majeures de la crise de légitimité qui a commencé à secouer l'ordre mondial à la fin des années quatre-vingt-dix. Une cause tout aussi importante que l'érosion du multilatéralisme pour expliquer cette perte de légitimité a été la prise de conscience par de plus en plus de gens que le régime néolibéral global fondé sur le libre-échange et les marchés libres ne pouvait plus tenir ses promesses. De nombreux observateurs savaient depuis longtemps que le système ne pouvait pas créer la prospérité pour tous mais seulement l'illusion de celle-ci. Cependant, les réalités de la croissance d'une pauvreté et d'une inégalité globales étaient neutralisées par les taux de croissance élevés et la prospérité de quelques enclaves dans l'économie mondiale, comme l'Asie du Sud-Est dans les années quatre-vingt, qui étaient (à tort) présentées comme des parangons de développement grâce au libre marché. Cependant, quand les économies asiatiques s'effondrèrent durant le long et chaud été 1997, les folies du néolibéralisme apparurent clairement. Tous les discours déclarant que la crise financière asiatique aurait été causée par un capitalisme de copinage ne pouvaient dissimuler le fait que c'était la libération des capitaux spéculatifs des contraintes réglementaires, en réponse dans une large mesure aux pressions du FMI, qui avait provoqué l'effondrement de l'Asie du Sud-Est. Le public commença à porter un regard critique sévère sur les programmes draconiens imposés par le FMI aux économies asiatiques à la suite de la crise – programmes qui n'ont fait qu'accélérer la contraction économique – tandis qu'en même temps étaient débloqués des milliards de dollars pour sauver non pas les économies en crise mais les banques étrangères et les spéculateurs.

Le rôle joué par le FMI en Asie du Sud-Est déclencha un réexamen de celui-ci quand il imposait des programmes d'ajustement structurel à une grande partie de l'Afrique, de l'Asie du

Sud-Est et de l'Amérique latine dans les années quatre-vingt. Et le fait que ces programmes avaient, comme en Asie, exacerbé la stagnation, accru les inégalités et aggravé la pauvreté, commença à être largement compris.

La crise financière asiatique entraîna une remise en cause de la légitimité du FMI. Dans le cas de l'OMC, la situation était pire encore. Dans les années qui suivirent la création de l'OMC en 1995, un nombre croissant de gouvernements, de communautés et d'organisations sociales commencèrent à comprendre qu'en adhérant à l'OMC, leur gouvernement avait souscrit à une charte confiant le pouvoir aux grandes entreprises, ce que le défenseur des consommateurs Ralph Nader a appelé le principe de « *trade über alles* » – ou le commerce avant l'équité, la justice, l'environnement et pratiquement tout ce à quoi ils tenaient. De nombreux gouvernements de pays en développement découvrirent qu'en signant ils avaient abandonné leur droit au développement. De nombreuses formes de mécontentement et d'opposition se rejoignirent dans les rues de Seattle à la fin novembre 1999, mirent en échec la troisième conférence ministérielle de l'OMC et déclenchèrent une sévère crise institutionnelle qui dure encore à ce jour.

Les critiques visèrent aussi la Banque mondiale, qu'un groupe d'enquêteurs, dans son rapport à la

Chambre des représentants des États-Unis, la Commission Meltzer, accusa au début de l'année 2000 d'être totalement inefficace dans sa mission d'éliminer la pauvreté.

Sans surprise, face aux critiques venant de la droite comme de la gauche, la réforme du système multilatéral devint un thème important de la rhétorique des agences multilatérales et des gouvernements du G7 qui étaient leurs soutiens les plus puissants. L'effacement des dettes, une nouvelle architecture financière globale, la réforme des structures de décision de l'OMC et des institutions de Bretton Woods faisaient partie des promesses les plus visibles qui engendrèrent l'espoir d'un changement en route. Cinq ans après la crise, cependant, il n'y a eu aucun changement dans les politiques et les structures de ces institutions.

Les grandes entreprises en question

À la fin des années quatre-vingt-dix, en bref, le triomphalisme qui avait marqué le début de la décennie s'était évanoui pour laisser place à une profonde crise de légitimité de l'ordre multilatéral. Accompagnant cette crise, une colère croissante s'exprimait contre le premier moteur de la globalisation : les grandes entreprises.

Plusieurs facteurs se sont combinés pour attirer l'attention du public sur les grandes entreprises dans les années quatre-vingt-dix – les plus flagrants étant les pratiques prédatrices de Microsoft, les déprédations environnementales de Shell, l'irresponsabilité de Monsanto et Novartis dans la promotion d'organismes génétiquement modifiés, l'exploitation systématique par Nike de travail très bon marché, et la dissimulation vis-à-vis des consommateurs par Mitsubishi, Ford et Firestone de sérieux défauts de leurs produits.

Un sentiment d'urgence concernant l'environnement se répandait au début du XXIe siècle. Pour de plus en plus de gens, la fonte rapide des calottes polaires avait un lien avec la promotion incessante par les intérêts pétroliers et les géants de l'automobile d'une civilisation fondée sur les hydrocarbures, déstabilisante pour l'environnement, et plus généralement avec un processus de croissance incontrôlée dirigé par les entreprises transnationales (TNC).

Par une ironie de l'histoire, aux États-Unis, la défiance vis-à-vis des grandes entreprises n'a jamais été aussi forte, depuis des décennies, que durant l'apogée de ce que l'on appelle la Nouvelle Économie. D'après une enquête de *Business Week*, « 72 % des Américains disent que le monde des affaires a un pouvoir trop important sur leur vie[4]. » Et le magazine avertit : « Amérique des corporations, ignore ces tendances à tes risques et périls[5]. »

Les membres de l'élite globale capables de ressentir les grondements souterrains prirent ces avertissements au sérieux. La réunion annuelle du Forum économique mondial à Davos, en Suisse, devint le lieu d'élaboration d'une réponse allant au-delà de la stratégie, qui avait fait faillite, de dénégation que la globalisation conduite par les grandes entreprises créât des problèmes immenses, et promouvant à la place une stratégie qui « apporterait les fruits de la globalisation et du libre-échange à tous », comme l'a formulé le Premier ministre britannique Tony Blair[6]. Néanmoins la tâche était formidable, car il devint de plus en plus clair que dans un marché global déréglementé, il était encore plus difficile de concilier les exigences de responsabilité sociale avec les exigences de profitabilité. Le mieux que « la globalisation avec une conscience » puisse offrir, comme l'a admis C. Fred Bergsten, un défenseur connu de la globalisation, est un

4. « Too Much Corporate Power », *Business Week*, 11 septembre 2000, p. 53.

5. « New Economy, New Social Contract », *Business Week*, 11 septembre 2000, p. 80.

6. Discours au Forum économique mondial, Davos, Suisse, février 2000.

système de « filets de sécurité transitoires... pour aider les ajustements dus à la délocalisation » et permettre aux gens de « tirer parti du phénomène [de la globalisation] et l'accompagner plutôt que de s'y opposer[7] ».

Des fissures dans l'hégémonie militaire

Le pouvoir des grandes entreprises est l'une des dimensions du pouvoir global. Tout aussi considérable est le pouvoir stratégique, et celui-ci, plus encore que le pouvoir des grandes entreprises, est concentré aux États-Unis. Le pouvoir stratégique ne peut pas se réduire, comme dans l'orthodoxie marxiste, à une simple conséquence de la dynamique du contrôle par les grandes entreprises. L'État américain ne peut pas simplement être réduit au statut de servant du capital américain. Le Pentagone a sa propre dynamique, et l'on ne peut pas comprendre le rôle des États-Unis dans les Balkans ou bien leur changement d'attitude vis-à-vis de la Chine comme étant simplement déterminés par les intérêts des grandes entreprises américaines. En effet, en Asie,

---

7. C. Fred Bergsten, *The Backlash Against Globalization*, discours prononcé en 2000 au meeting de la Commission trilatérale, Tokyo, 9 mai 2000.

c'était l'extension stratégique, pas l'expansion des grandes entreprises, qui a été le principal moteur de la politique américaine, au moins jusqu'au milieu des années quatre-vingt. Dans le cas de la Chine, le désir des capitaux américains d'exploiter le légendaire « marché chinois » est entré de plus en plus fréquemment en conflit avec le Pentagone qui voyait dans la Chine l'ennemi devant être décapité tant qu'il en est encore temps, plutôt qu'aidé par les investissements occidentaux à devenir une menace encore plus grande. En de nombreuses circonstances, en effet, le pouvoir des grandes entreprises et le pouvoir d'État ne sont pas à l'unisson.

Cela dit, ce n'en est pas moins un objectif primordial de l'État-garnison américain transnational, qui est profondément installé en Asie orientale, au Moyen-Orient et en Europe et qui déploie sa puissance sur le reste du globe, que la gestion d'un ordre global garantissant la suprématie des grandes entreprises américaines. Le chroniqueur du *New York Times* Thomas Friedman a peut-être tort quant à l'impact bénin de la globalisation, mais il fait mouche quand il déclare que « la main invisible du marché ne fonctionnera jamais sans un poing invisible. McDonald's ne peut pas s'étendre sans McDonnell-Douglas, le concepteur du F-15 de l'US Air Force. Et le poing invisible qui maintient un monde sans danger afin que les technologies de la Silicon Valley s'épanouissent s'appelle l'armée américaine, l'aviation, la marine, et le corps des marines[8]. »

Avec l'illégitimité croissante de la globalisation guidée par les grandes entreprises et le fossé croissant entre une minorité prospère et une majorité toujours plus marginalisée, les interventions militaires, afin de maintenir un *statu quo* global, sont devenues un aspect habituel des relations internationales, qu'elles soient justifiées par la lutte contre la drogue, la lutte contre le terrorisme, le confinement des « États voyous », « l'endiguement de la Chine », ou l'opposition au « fondamentalisme islamique ». Ces interventions sont profondément impopulaires dans le tiers-monde, si bien que quand les pirates de l'air d'Al-Qaida ont précipité leurs avions sur les tours du World Trade Center et le Pentagone le 11-Septembre, beaucoup de gens dans le Sud ont été partagés entre la révulsion pour le chaos qui s'ensuivit et le sentiment que les États-Unis « devaient s'y attendre ». De plus, le système de sécurité américain qui avait semblé invulnérable apparaissait maintenant tout à fait

8. Thomas Friedman, *The Lexus and the Olive Tree*, New York, Farrar Straus & Giroux, 1999, p. 50.

vulnérable face à un monde plein de ressentiment.

Beaucoup de gens en Europe et au Japon continuent à voir l'armée américaine avant tout comme le garant de leur sécurité. Mais ce sentiment s'érode rapidement. L'effondrement du pouvoir soviétique a créé les conditions d'une réévaluation par les alliés de Washington du rôle de la puissance américaine. L'insistance du Pentagone à vouloir construire un système de défense antimissile contre un ennemi potentiel plutôt que contre des ennemis réels tout en préparant le terrain pour une nouvelle guerre froide avec la Chine laisse sceptique. Et récemment, alors même que de nombreux alliés traditionnels ont rejoint ce que l'on appelle « la guerre contre la terreur », l'unilatéralisme américain est en train de saper les vieilles alliances quand Washington prépare le terrain pour envahir l'Irak, même contre les souhaits express de la plupart des membres de l'Union européenne. La perte de confiance en Washington explique la volonté de créer une force européenne de défense qui fonctionnerait avec une certaine indépendance par rapport à l'OTAN.

Un système de bases militaires lointaines et la capacité d'envoyer des forces aux quatre coins du monde, comme en dispose Washington, sont généralement vus comme la marque d'une grande force. Cette « force », cependant, peut devenir une faiblesse : celle d'une extension excessive ou un décalage croissant entre les ressources et les capacités. Et, comme on le montrera plus loin, l'extension excessive de la puissance stratégique américaine est devenue une donnée bien tangible après le 11-Septembre.

La dégénérescence de la démocratie libérale

Ce n'est pas le pouvoir des grandes entreprises ou le pouvoir militaire cependant qui a été traditionnellement le bien le plus important de l'Amérique mais, suivant la pensée d'Antonio Gramsci, son pouvoir idéologique – son « pouvoir *soft*[9] ».

Les États-Unis d'Amérique sont une démocratie lockienne, c'est-à-dire fondée sur la philosophie politique du penseur anglais de la fin du XVIIe siècle John Locke. Sa capacité à présenter sa mission comme une extension de systèmes basés sur des élections libres, permettant de choisir des gouvernements dédiés à la défense des libertés et des droits des citoyens, continue d'être une solide

9. *Soft* : doux, tendre. *(N.d.T.)*

source de sa légitimité dans de nombreuses régions du monde. La tendance, dans le tiers-monde, à s'éloigner des régimes autoritaires pour aller formellement vers la démocratie s'est développée en dépit des États-Unis plutôt que grâce à eux. Néanmoins, particulièrement durant l'administration Clinton, Washington est parvenu habilement à prendre le sens du vent démocratique et à gommer son image de soutien à des régimes répressifs pour apparaître comme un opposant aux dictatures.

Ces dernières années, cependant, les démocraties de type Washington ou Westminster – ou comme, William Robinson les appelle, les « polyarchies[10] » –, avec leur insistance sur des droits et des élections formels et leur biais contre l'égalité créée par des mesures comme la redistribution des biens et des revenus, ont dégénéré en systèmes politiques stagnants et polarisés, ainsi qu'on l'observe aux Philippines, au Brésil et au Pakistan, si bien que certains théoriciens se sont demandé si la prétendue « troisième vague de démocratisation » n'était pas terminée.

Cependant, le fait que le système démocratique entre aussi en crise dans la plus ancienne

---

10. William Robinson, *Promoting Polyarchy: Globalization, US Intervention, and Hegemony*, Cambridge, Cambridge University Press, 1996.

démocratie moderne était très significatif. L'influence de groupes d'intérêts, que le style de compétition électorale à Washington a institutionnalisée, a pris des proportions massives. Dans les années quatre-vingt et quatre-vingt-dix, de plus en plus d'Américains ont commencé à comprendre que leur démocratie libérale avait été tellement corrompue par un système politique dépendant de l'argent des entreprises qu'elle méritait d'être désignée par le terme de « ploutocratie ». En effet, comme l'a observé William Pfaff, « un système à l'échelle du système américain de dépenses et d'influences politiques n'existe nulle part ailleurs[11] ». La réforme du financement des campagnes électorales était un sujet brûlant qui a propulsé la candidature du sénateur John McCain et en a fait un concurrent important dans la course pour la nomination républicaine au printemps 2000.

L'argent des entreprises, combiné à des règles constitutionnelles conçues pour limiter la loi de la majorité, a conduit à une situation où l'homme qui avait perdu le vote populaire – et selon certains, le vote des grands électeurs aussi – s'est retrouvé président de la démocratie libérale la

---

11. William Pfaff, « Money Politics is Winning the American Election », dans *International Herald Tribune*, 11-12 mars 2000, p. 8.

plus puissante du monde. Cela a déclenché une profonde désaffection pour ce qui est maintenant universellement considéré comme un système dépassé, ancien et complexe, de protection des intérêts privés du regard du public et restreignant les « passions » de la majorité.

L'effet profondément corrupteur de l'argent des entreprises dans la vie politique n'est pas la seule question brûlante. Il y a aussi la crise urbaine, un fossé entre les classes exacerbé par le libre-échange et la mobilité des capitaux, de sévères inégalités dans la répartition des revenus des pays industrialisés, une crise raciale présentée comme un problème de maintien de l'ordre, la « guerre civile culturelle » entre les fondamentalistes et les libéraux, et le pouvoir croissant des militaires.

Ce dernier phénomène mérite qu'on s'y arrête, car il illustre l'incapacité croissante du système à faire face aux nouvelles réalités du pouvoir. Tandis que, d'une façon classiquement montesquieuesque, le Congrès et l'exécutif étaient occupés à se contrer l'un l'autre sur la question des mœurs sexuelles de l'ancien président Clinton, aucune des deux institutions n'était en mesure de réagir face à l'accumulation de pouvoir politique du Pentagone. Par conséquent, comme l'a fait observer un commentateur perspicace, « l'armée est déjà l'institution la plus puissante du gouvernement américain, et qui dans la pratique rend très peu de comptes à la branche exécutive. Ce sont maintenant les forces armées qui fixent les limites de la politique étrangère américaine... Les États-Unis ne sont pas encore la Prusse du XVIIIe siècle, où les militaires possédaient l'État, mais la menace est plus sérieuse que ne le réalisent la plupart des Américains[12]. »

Si depuis toujours, on parlait au monde de la supériorité du mode américain, la dernière décennie a montré les défauts d'un système conçu pour accroître le pouvoir d'entreprises et d'intérêts privés et limiter le pouvoir compensateur de l'État, ainsi que pour empêcher par tous les moyens la volonté populaire et les pouvoirs publics de mettre en place des mesures sociales progressistes. Le point de vue de Daniel Lazare exposé dans son ouvrage influent *The Frozen Republic* est largement partagé :

> Le gouvernement en Amérique ne fonctionne pas car il n'est pas supposé fonctionner. Dans leur infinie sagesse, les pères fondateurs ont créé un système délibérément peu réactif afin de limiter les options du gouvernement et de nous forcer à chercher des voies alternatives. La politique est dangereuse ; donc, la politique doit être limitée et

12. William Pfaff, « The Pentagon, not Congress or the President, Calls the Shots », *International Herald Tribune*, 6 août 2001.

> contrainte. Mais l'Amérique ne peut pas s'attendre à survivre très longtemps avec un gouvernement inefficace et peu démocratique dans sa conception. Il n'est pas possible à la fin du XXe siècle de progresser en utilisant une machinerie gouvernementale datant de la fin du XVIIIe. La situation dans les villes ne peut qu'empirer, les relations entre les races ne peuvent qu'être empoisonnées, tandis que la classe moyenne ne peut que devenir de plus en plus aliénée et aigrie[13].

La crise de la démocratie libérale n'est pas limitée au Sud et aux États-Unis. Il y a aussi une crise de la gouvernance démocratique qui s'aggrave en Europe. Une des causes est que les partis politiques sont de plus en plus dépendants du financement politique, comme l'ont illustré le scandale des pots-de-vin impliquant Helmut Kohl et le parti démocrate-chrétien en Allemagne, et l'ascension du capitaliste le plus puissant d'Italie, Silvio Berlusconi, jusqu'au sommet du gouvernement.

Mais une autre cause de désaffection est liée. C'est le processus insidieux avec lequel les élites technocratiques alliées aux élites des grandes entreprises, au nom de l'intégration européenne,

---

13. Daniel Lazare, *The Frozen Republic : How the Constitution is Paralyzing Democracy*, New York, Harcourt Brace and Co., 1996, p. 5.

de la rationalité technocratique et de la rationalité du marché, ont érodé le principe de subsidiarité. Elles ont transféré le pouvoir effectif de décision politique et économique à des structures techno-managériales supérieures, au sommet desquelles trône la Commission européenne, et qui n'ont essentiellement aucun compte à rendre aux électeurs en bas.

Comme l'a souligné George Ross, dès l'origine, le processus de construction du système économique et politique européen a « été consciemment élitiste[14] ».

> Afin que tout le monde en profite, la construction européenne devait se dérouler en dehors de la responsabilité démocratique telle qu'on la comprend d'habitude. Après 1985, la Commission et les autres n'avaient d'autre choix que de travailler au sein d'un système institutionnel européen reflétant cette philosophie. Il y avait une Commission nommée et dotée de pouvoirs très importants en matière de propositions politiques. Il y avait des conseils des ministres secrets et opaques, un Conseil européen impérieux, et une puissante

14. George Ross, « Fin de Siècle Globalization, Democratization, and the Moore Theses: A European Case Study », dans Theda Skocpol (édit.), *Democracy, Revolution, and History*, Ithaca, New York, Cornell University Press, 1998, p. 250.

> Cour de justice européenne. Puis il y avait un parlement impotent dédié aux bavardages. Les liens entre ces institutions et une quelconque culture politique européenne de masse étaient ténus. De plus, elles étaient imbriquées les unes dans les autres en un système dont le fonctionnement était d'une complication invraisemblable et insondable pour les non-spécialistes[15].

Rétrospectivement, la révolte des électeurs danois contre le traité de Maastricht en 1992 n'était que la première salve d'une révolte populiste dont la manifestation spectaculaire la plus récente a été le vote massif de rejet des politiques technocratiques menées au nom de « l'Unité européenne ». Il a permis au néofasciste Jean-Marie Le Pen d'éliminer le Premier ministre Lionel Jospin dès le premier tour des élections présidentielles françaises en avril 2002.

Le spectre de la déflation globale

Ce qui rend la crise de légitimité des institutions clés du système économique et politique global si volatile du point de vue des élites du

15. *Ibid.*

Nord est qu'elle se recoupe avec une crise structurelle de l'économie globale.

Le G7 a été créé pour coordonner les politiques macroéconomiques des pays riches afin de naviguer entre le Charybde de l'inflation et le Scylla de la stagnation. Ces dernières années cependant, les tentatives de synchronisation des initiatives fiscales et monétaires se sont révélées inefficaces, et la coopération minimale sur laquelle on est parvenu à s'accorder n'a pas réussi à extirper le Japon de dix années de récession ni à empêcher l'arrivée d'une nouvelle récession globale. La raison fondamentale de cet échec était la réticence des pouvoirs publics à réglementer l'activité du capital dans la nouvelle économie globale. Les forces du marché guidé par les entreprises n'ayant pas de garde-fou, des déséquilibres structurels sont apparus. Le boom du début et du milieu des années quatre-vingt-dix a entraîné une explosion des investissements globaux qui a conduit à des surcapacités considérables partout dans le monde[16]. Les indicateurs sont frappants. La capacité du secteur informatique américain a augmenté de 40 % par an, bien au-delà des

---

16. Voir, parmi d'autres travaux, Robert Brenner, « The Economics of Global Turbulence », dans *New Left Review*, n° 229, mai-juin 1998, et A. Gary Shilling, *Deflation*, Short Hills, New Jersey, Lakeview Publishing Co., 1998.

projections d'accroissement de la demande. Le secteur de la construction automobile mondiale vend actuellement à peine 74 % des 70,1 millions de véhicules fabriqués chaque année. Il y a eu tellement d'investissements dans les infrastructures globales de télécommunication que le trafic sur les réseaux de fibre optique n'utiliserait que 2,5 % de leur capacité. Il y a, dit l'économiste Gary Shilling, une « offre surabondante d'à peu près tout[17] ».

Les profits des grandes entreprises américaines ont apparemment cessé de croître après 1997, conduisant à une vague de fusions, dont le principal objectif était d'éliminer la concurrence. Les plus notables d'entre elles ont été l'union Daimler Benz-Chrysler-Mitsubishi, la prise de contrôle de Nissan par Renault, la fusion Mobil-Exxon, l'opération BP-Amoco-Arco, et la fameuse « Star Alliance[18] » entre compagnies aériennes.

En plus de ces fusions, pour contrecarrer la crise de profitabilité de l'industrie, les investisseurs se sont tournés aussi vers l'activité spéculative, notamment sur les marchés boursiers et dans le secteur immobilier, conduisant au boom

17. Shilling, p. 177.

18. Alliance créée en 1997 entre cinq transporteurs aériens pour mettre en commun une partie de leurs moyens. En 2011, elle compte vingt-sept membres. *(N.d.T.)*

spectaculaire suivi du krach en Asie du Sud-Est dans les années quatre-vingt-dix. À l'époque de la crise asiatique – qui n'a toujours pas été surmontée en 2002 – de nombreux observateurs ont attiré l'attention sur le fait que c'était la même spéculation effrénée qui sous-tendait le complexe Wall Street-Silicon Valley, dirigeant l'économie américaine. Ce que les optimistes – le plus éminent d'entre eux étant le président de la Réserve fédérale américaine Alan Greenspan – appellent la « Nouvelle Économie » a d'abord semblé défier les lois de l'économie, avec des stars de l'Internet comme Amazon.com, voyant leur cours boursier augmenter apparemment sans limites alors qu'elles continuaient à engendrer des pertes.

Mais tous les discours sur l'émergence de la Nouvelle Économie se sont évanouis à la fin des années quatre-vingt-dix quand les lois de la gravité ont rattrapé le secteur spéculatif, faisant partir en fumée 4600 milliards de dollars de richesse investie à Wall Street[19], une somme, a souligné *Business Week*, qui égale à la moitié du

---

19. L'auteur reprend ici l'idée selon laquelle l'accroissement des cours boursiers représente de la création de richesse, et leur effondrement de la destruction. Il convient toutefois de noter qu'il s'agit de richesse virtuelle, du même type que celle créée par deux personnes échangeant entre elles des reconnaissances de dettes qu'elles viennent de rédiger. *(N.d.T.)*

produit intérieur brut américain et à quatre fois la richesse effacée par le krach de 1987[20].

Selon Gary Schilling et un certain nombre d'autres pessimistes, la raison probable pour laquelle les déséquilibres macroéconomiques sont en train de créer ce qui sera sans doute une récession plus profonde qu'anticipée est que nous sommes maintenant dans le creux du « cycle de Kondratieff ».

Les marxistes expliquent que ce qui sous-tend de telles conjonctures est le conflit entre les vieilles « relations de production », c'est-à-dire le réseau complexe d'institutions et de relations de propriété capitaliste existant, et la poursuite du développement des « forces de production » ou technologies, qui n'est possible que si ce processus n'est plus guidé par la recherche du profit.

Le monde est-il prêt pour une récession plus dure que la normale ? Pour reprendre les mots de Joseph Schumpeter, l'économie globale est-elle en train d'entrer dans une période prolongée de « création destructive » ?

Dès le milieu de l'année 2002, les discours sur une récession américaine « de courte durée » ont cessé tandis que le monde des affaires continuait à restreindre ses investissements, la Bourse

20. « When Wealth is Blown Away », dans *Business Week*, 26 mars 2001, p. 33.

continuait à dégringoler, et les révélations sur les malversations à Wall Street dominaient les médias. Une stagnation prolongée semblait aussi être le sort de l'Europe et d'une grande partie du reste du monde, la Chine et la Corée du Sud étant pratiquement les seules à s'en tirer. Les gens ont commencé à comprendre qu'à l'ère de la globalisation rapide et de l'intégration des économies, apparaissait aussi le spectre de la dépression synchronisée.

L'essor du mouvement

Rétrospectivement, avec l'aggravation de la crise de légitimité des principales institutions du système global dans la deuxième moitié des années quatre-vingt-dix, Seattle fut une tempête à laquelle on devait s'attendre, bien que la plupart des élites profitant de la globalisation n'eussent aucune notion de l'étendue de la colère et du ressentiment qu'elles avaient provoqués. L'ouragan de la protestation populaire se déplaça à Washington pour la réunion de printemps de la Banque mondiale et du FMI en avril 2000 ; à Chiang-Maï en Thaïlande, lors de la réunion annuelle de la Banque asiatique de développement en mai 2000 ; à Melbourne pendant le Forum économique mondial au début septembre 2000; et à Prague durant la réunion annuelle de la Banque mondiale et du FMI à la fin septembre 2000.

Tandis qu'une élite globale menacée se rassemblait à Davos à la fin janvier 2001 pour réfléchir à la signification du « mouvement antiglobalisation » en plein essor, quelque 12000 représentants de la société civile internationale se réunissaient à Porto Alegre, au Brésil, pour déclarer qu'« un autre monde est possible ». Davos, ou le Forum économique mondial, a trouvé sa Némésis politique et idéologique dans le Forum social mondial. La célébration de la puissance du mouvement était l'un des aspects de Porto Alegre; l'autre étant le rassemblement des forces et la planification des actions à venir. Des dizaines de milliers de personnes ont fait le siège du sommet des Amériques à Québec à la fin avril 2001 et du sommet de l'Union européenne à Göteborg en juin. Et malgré les assauts brutaux de la police utilisant des gaz lacrymogènes, des véhicules blindés et des provocateurs, plus de 200000 personnes ont réussi à isoler le sommet annuel du G8 dans la vieille ville de Gênes à la fin juillet 2001.

Nulle part la crise de légitimité du système global n'a été plus évidente qu'à Gênes, où les dirigeants des grands pays de l'hémisphère nord ont été forcés d'admettre que les réunions dans des lieux facilement accessibles étaient devenues quasiment impossibles. C'est donc sans surprise que le royaume du Qatar, presqu'île du golfe Persique greffée sur le désert, a été retenu pour recevoir la quatrième conférence ministérielle de l'OMC en novembre 2001 et qu'une station de ski difficile d'accès dans les Rocheuses canadiennes a été choisie pour la prochaine réunion du G8 en juillet.

Tendances contradictoires après le 11-Septembre

Puis vint le 11-Septembre, et avec lui un effort massif de la part des forces proglobalisation, qui voyaient maintenant l'ensemble comme une guerre, pour reprendre l'avantage en étendant la définition des actions terroristes aux tactiques de désobéissance civile des militants opposés à la globalisation guidée par les grandes entreprises, et surtout en manipulant l'hystérie antiterroriste afin de faire passer en force le programme de libéralisation à la quatrième conférence ministérielle de l'OMC à Doha au Qatar. Les médias de l'*establishment* y mirent du leur et déclarèrent que le mouvement était « mort ».

Mais en politique comme à la guerre, la chance ne sourit jamais que brièvement. Après lui avoir permis fugitivement de savourer le succès apparent de son invasion de l'Afghanistan à la fin 2001, l'histoire, toujours rusée et impénétrable, a brusquement porté deux énormes coups à l'administration Bush: l'implosion d'Enron et l'effondrement de l'Argentine[21]. Ces deux désastres allant de pair ont menacé de renvoyer l'élite globale dans la crise de légitimité qui menaçait globalement son hégémonie avant le 11-Septembre.

La crise du capitalisme et les fraudes des grandes entreprises

Enron a brutalement rappelé au monde que la rhétorique du libre marché est une mystification des grandes entreprises. Le néolibéralisme adore se présenter en tenant le langage de l'efficacité, de l'éthique du plus grand bien pour le plus grand nombre, alors qu'il s'agit en réalité de promouvoir la puissance des grandes entreprises. Enron louait sans retenue les prétendus mérites du marché pour expliquer son succès, mais en réalité la voie qu'elle avait suivie pour devenir la septième plus grande entreprise des États-Unis n'avait pas consisté à se soumettre à la discipline du marché

21. Les États-Unis entrèrent en Afghanistan le 7 octobre 2001. Le scandale d'Enron éclata fin octobre. Et en Argentine, en décembre 2001 eurent lieu de violentes émeutes à la suite des mesures économiques rigoureuses surnommées « *corralito* ». *(N.d.T.)*

mais à déverser stratégiquement de l'argent, beaucoup d'argent. Enron a littéralement acheté son ascension vers le sommet, dépensant autour d'elle des centaines de millions de dollars en moins d'une décennie pour créer ce qu'un homme d'affaires a décrit au *New York Times* comme un « trou noir » de marché déréglementé de l'énergie, dans lequel elle a pu se livrer sans entraves à ses tricheries financières[22]. Pour s'assurer que les régulateurs regardaient ailleurs et permettre au « marché » de fonctionner comme il le voulait, Enron était généreuse avec ceux qui acceptaient de l'aider, certains même ont reçu de cette entreprise encore plus de dollars que George W. Bush, qui avait perçu, de la part de son ami Kenneth Lay, son PDG, quelque 623 000 dollars pour ses campagnes politiques, tant au Texas qu'aux États-Unis en général.

Le profond emmêlement de Bush et de plusieurs de ses principaux lieutenants dans la toile d'Enron a détruit l'image de « président de tous les Américains » que George W. s'était forgée après le 11-Septembre, et l'a ramené à une réalité plus brutale : il est devenu un PDG de l'Amérique des grandes entreprises. Le scandale

22. Kurt Eichenwold, « Enron's Collapse : Audacious Climb to Success Ended in Dizzying Plunge », dans *New York Times*, 13 janvier 2002.

d'Enron a renvoyé les Américains à la dure *sozialepolitik* des années quatre-vingt-dix quand, comme l'a dit Bush lui-même dans son discours inaugural, « il semble que nous partagions un continent mais pas un pays[23] ». Cela rappela le contexte idéologique de la campagne électorale historique de 2000 quand le collègue républicain de Bush, John McCain, réussit presque à décrocher la nomination de son parti en se concentrant sur un problème : le financement massif des élections par les entreprises, qui avaient transformé la démocratie américaine en « ploutocratie », entachait sérieusement sa légitimité.

La globalisation dirigée par les entreprises est un processus caractérisé par une forme de corruption et qui est pernicieux pour la démocratie. Shell au Nigeria était un bon sujet d'étude. En Indonésie, des dizaines d'entreprises transnationales et la Banque mondiale étaient impliquées dans l'économie politique de Suharto. Ensuite, Enron avait levé le voile sur ce que Wall Street avait l'habitude d'appeler la « Nouvelle Économie », qui couvrait de récompenses des opérateurs financiers véreux comme Enron, tout

23. Discours inaugural de George W. Bush devant le Capitole, Washington, DC, 20 janvier 2001.

en faisant supporter les coûts par le reste du monde.

Dès 2002, on comprit qu'Enron n'était en fait que la partie émergée de l'iceberg. On découvrit en rapide succession que des piliers de Wall Street comme le géant de l'audit Arthur Andersen et la banque d'affaires Merrill Lynch ou des chéris de Wall Street comme Tyco International, Rite Aid, Global Crossing, Martha Stewart Living Omnimedia, Adelphia Communication et Worldcom, avaient truqué leurs comptes pour montrer des profits ou s'étaient livrés à d'autres pratiques frauduleuses.

Mais Enron et son engeance étaient le produit non seulement d'une déréglementation effrénée mais d'un élément plus fondamental : une crise de surcapacité dans un système de capitalisme global dirigé par la finance. Comme noté précédemment, la crise de surcapacité conduisit à une chute de la profitabilité à la fin des années quatre-vingt-dix, déclenchant une vague de fusions cherchant à restaurer la profitabilité via l'élimination de la concurrence ou le mécanisme mystique dénommé « synergie ». Dans la réalité des faits, de plusieurs fusions résultat la consolidation des coûts sans ajouter au profit, comme ce fut le cas du rapprochement entre America Online et Time Warner, qui a fait l'objet d'un grand battage.

Avec des marges de profit minces ou inexistantes, de plus en plus souvent la survie impliquait une dépendance croissante au financement de Wall Street. Et celui-ci était fourni de plus en plus souvent par des banques hybrides, à la fois commerciales et d'affaires, comme JP Morgan Chase, Salomon Barney Smith et Merrill Lynch, qui se livraient une concurrence acharnée pour diriger les opérations. Ayant peu à montrer d'attrayant dans leur compte de résultat, plusieurs entreprises choisirent des montages consistant à échanger des promesses à venir contre des espèces sonnantes et trébuchantes, une chose pour laquelle les créatifs responsables d'investissement montraient un talent particulier dans le secteur de la haute technologie. C'est cette technique apparemment innovante d'échange d'illusions qui entraîna la montée stratosphérique des valeurs du secteur de la haute technologie. Beaucoup de start-up perdirent tout lien avec la production et servirent de mécanismes pour faire gonfler les prix des actions et permettre aux capital-risqueurs et aux managers ayant des stock-options de gagner de l'argent en vendant rapidement, après quoi l'entreprise était abandonnée à elle-même puis finalement disparaissait.

Cependant, faire commerce d'illusions est possible jusqu'à un certain point. Vient forcément le moment où vos comptes doivent montrer des revenus supérieurs aux coûts pour continuer à attirer des investisseurs. C'est cette simple et dure réalité qui conduisit à la prolifération de techniques comptables fantastiques, comme les « partenariats » du directeur financier d'Enron, Andrew Fastow, qui étaient conçus pour faire sortir du bilan des dettes et autres engagements importants, ou les méthodes encore plus simples de Worldcom qui consistaient à maquiller des dépenses courantes en investissement.

Dans le contexte de la déréglementation et du regard tolérant porté sur le secteur privé qu'accompagnait le principe néolibéral du « laisser-faire », il était facile pour de telles pressions d'éroder les prétendus « pare-feu » – entre managers et représentants des actionnaires, analystes boursiers et courtiers, auditeurs et audités. Confrontés au spectre d'une économie en vrille et à un nombre réduit d'occasions pour chacun, les surveillants et les surveillés abandonnèrent toute prétention d'être gouvernés par un système de contrôle et d'équilibre, et s'unirent afin de promouvoir l'illusion de la prospérité – et maintenir le lien vital avec des investisseurs ingénus – aussi longtemps que possible.

Ce front uni n'a pu être maintenu longtemps cependant, car il était très tentant pour ceux qui connaissaient la réalité des résultats de vendre avant que la masse des investisseurs ne se ravise. À la fin, le flair des affaires consistait simplement à déterminer quand vendre, prendre l'argent et s'enfuir – et éviter d'être poursuivi. Le PDG d'Enron, Jeffrey Skilling, comprit ce qui se passait, démissionna, et partit avec les 112 millions de dollars de la vente de ses stock-options quelques mois avant la chute. Moins chanceux fut Dennis Kozlowski, de Tyco, qui, non content d'avoir ratissé 240 millions de dollars, était encore en train de traire son entreprise quand celle-ci s'effondra.

En résumé, même si les acteurs malhonnêtes abondent, la prétendue crise éthique des entreprises est le symptôme d'une crise structurelle plus fondamentale résultant de la dynamique du capitalisme global déréglementé dirigé par la finance.

L'effondrement de l'Argentine

Ce que la fraude des grandes entreprises a été à la légitimité du capitalisme global du Nord, la débâcle de l'Argentine l'a été au projet globaliste du Sud. Avec une dette de 140 milliards de dollars envers les institutions internationales et une économie plongée dans le chaos, l'Argentine est aujourd'hui en piteux état.

L'Argentine a été le parangon de la globalisation à la mode latino-américaine. Elle abaissa ses barrières douanières plus vite que la plupart des autres pays d'Amérique latine, libéralisa le compte financier de sa balance des paiements encore plus radicalement, et avec le geste le plus touchant de sa foi néolibérale, le gouvernement argentin abandonna volontairement tout contrôle significatif sur l'impact local d'une économie globale volatile en adoptant un *currency board*, c'est-à-dire en attachant le peso au dollar à un taux de change fixe. La dollarisation, comme certains technocrates l'avaient promis, n'attendait que nous et, quand elle serait mise en place, les derniers tampons entre l'économie locale et le marché global disparaîtraient et la nation accéderait au nirvana de la prospérité permanente.

Toutes ces mesures furent prises à la demande expresse ou avec l'approbation du département du Trésor américain et de son substitut, le Fonds monétaire international. Après la crise financière asiatique, alors que la libéralisation du compte financier commençait à être vue par un nombre croissant d'observateurs comme le « vilain de la pièce », Larry Summers, le secrétaire au Trésor de l'époque, chantait encore les louanges de l'Argentine pour avoir vendu son secteur bancaire et la donnait en modèle au monde en développement : « Aujourd'hui, plus de 50 % du secteur bancaire, 70 % des banques privées en

Argentine sont sous contrôle de l'étranger, contre 30 % en 1994. Le résultat est un marché plus profond et plus efficace, et des investisseurs externes qui ont plus d'intérêt à rester sur place[24]. »

La valeur du dollar augmentant au milieu des années quatre-vingt-dix, le peso en faisait autant, rendant les biens de l'Argentine non compétitifs globalement et localement. Cependant, ériger des barrières tarifaires contre le flot des importations était considéré comme la chose à ne pas faire. Au lieu de cela, en empruntant des sommes considérables pour financer son déficit commercial qui se creusait dangereusement, l'Argentine vit sa dette monter en flèche: plus elle empruntait, plus les taux d'intérêt augmentaient car les créanciers s'inquiétaient chaque jour davantage des conséquences du libre marché débridé dont ils avaient tout d'abord bénéficié.

Contrairement à la doctrine de Summers, le contrôle du système bancaire par l'étranger n'était pas la panacée. En réalité, le contrôle étranger facilitait simplement la fuite des capitaux – pourtant si nécessaires au pays – organisée par les banques qui étaient de plus en plus réticentes à

24. Larry Summers, cité dans Walden Bello, « Power, Timidity, and Irresponsability in Global Finance », *Focus on Trade*, août 1999.

prêter au gouvernement et aux entreprises locales. N'ayant plus accès au crédit, des petites et moyennes entreprises – et bon nombre de grandes – mirent la clé sous la porte, privant des milliers de gens de travail.

« Un empire trop étendu »

Pendant ce temps-là, sur le front militaire, les choses n'étaient pas brillantes pour la seule superpuissance mondiale qui restait en 2002.

Plus de huit mois après avoir lancé la guerre totale contre la terreur, il devenait de plus en plus clair que les États-Unis étaient piégés dans une expansion inexorable du conflit dont il ne serait pas facile de sortir. Pour tenter de conserver leur élan dans la guerre contre la terreur après avoir clamé « victoire » en Afghanistan début janvier, les États-Unis envoyèrent ce même mois des troupes aux Philippines pour aider à pourchasser les membres du groupe du bandit Abu Sayyaf, qui avait prétendument des liens avec le réseau Al-Qaida d'Oussama ben Laden.

Les Philippines, une ancienne colonie, apparaissaient comme un choix commode pour étendre la guerre contre la terreur tandis que Washington débattait de janvier à mars 2002 d'une question beaucoup plus importante :

chasser ou non Saddam Hussein du pouvoir. Mais au moment où la faction en faveur d'une invasion de l'Irak semblait avoir emporté la décision, la brutale entrée des Israéliens en Cisjordanie mit des bâtons dans les roues des États-Unis, dont les projets reposaient sur l'hypothèse d'un soutien politique de la part des États arabes proaméricains.

Au même moment, des mois après que Washington eut désigné les Philippines comme un « deuxième front », soixante à quatre-vingts bandits d'Abu Sayyaf continuaient à tenir en échec six mille soldats philippins assistés de cent soixante conseillers américains sur la petite île de Basilan.

De plus, les réalités de la campagne en Afghanistan qui filtraient, après avoir chassé les talibans, tempéraient l'humeur triomphaliste qui régnait encore quelques mois auparavant. L'idée que l'Afghanistan démontrait la justesse d'une nouvelle stratégie militaire fondée sur l'emploi massif d'armements air-sol à guidage de précision, en même temps que peu de troupes au sol, est maintenant moins convaincante. Des milliers de civils apparemment sont morts à cause de bombardements peu précis, et des dizaines de personnes alliées des États-Unis ont été prises pour cible et tuées par les forces américaines agissant sur la foi de mauvais renseignements.

Certains au Pentagone reconnaissent aujourd'hui que l'emploi par les États-Unis de mercenaires afghans dans les combats au sol a sans doute permis à Oussama ben Laden de s'échapper de son refuge de Tora Bora, dans les montagnes afghanes. Et quand les troupes américaines ont livré elles-mêmes des combats rapprochés avec les forces des talibans et d'Al-Qaida, dans l'« opération Anaconda » qui s'est déroulée dans la région de Shah-i-Kot près du Pakistan au début mars, elles ont subi de lourdes pertes de la part d'un ennemi supposé en fuite[25].

Bien qu'en milieu de l'année 2002, elle n'ait toujours pas atteint son objectif premier de capturer ben Laden ou de démanteler le réseau Al-Qaida – qui, selon les techniques classiques de guérilla, reculait jusqu'à sa base arrière de l'autre côté de la frontière pakistanaise – Washington pense toujours qu'il est à l'initiative stratégique. Pourtant, il semble qu'en réalité, il se soit lancé dans une guerre d'attrition sur plusieurs fronts, mais sur aucun desquels il ne peut atteindre la victoire.

L'élan s'essoufflait aussi sur le front politique. Tandis que l'intensité de la guerre en Afghanistan s'atténuait, les Nations unies furent appelées afin

25. « The Death Valley », dans *Time*, 18 mars, 2002.

de négocier un accord politique qui installerait la démocratie représentative, tandis que l'Union européenne était traînée dans le conflit pour gérer le processus de paix sous l'égide d'un contingent britannique. Il devint clair cependant que l'autorité centralisée qui avait été forgée par les talibans avait cédé la place à un retour de seigneurs de guerre dans différentes régions du pays, et que le rôle des forces de sécurité était de plus en plus d'empêcher les anciens partenaires de l'alliance du Nord de s'entretuer. Quand les élections de la *Loya Jirga*[26], dont on avait dit tant de bien pour produire une assemblée représentative, se terminèrent en bagarre pour se partager les dépouilles entre seigneurs locaux début juin 2002, « bourbier » devint un mot de plus en plus utilisé dans la presse américaine pour décrire la situation afghane.

Tandis que l'Afghanistan sombrait dans l'anarchie, l'homme fort du Pakistan, le général Pervez Musharraf, était déstabilisé et délégitimé par la pression américaine pour qu'il s'associe à la guerre contre la terreur. Le prestige des fondamentalistes islamiques parmi la population était probablement encore plus grand à la mi-2002 qu'avant le 11 septembre 2001. Le mécontentement

26. Terme pashto signifiant « grande assemblée ». *(N.d.T.)*

grondait en Arabie Saoudite, et Washington faisait face à la perspective désagréable de devoir finalement servir de force de police entre une élite saoudienne de plus en plus isolée et une population jeune et remuante qui voyait en ben Laden un héros.

L'attitude bienveillante de Washington envers Israël n'aidait pas à renforcer la légitimité de ses alliés arabes, parmi lesquels l'Égyptien Hosni Moubarak, au sein de leurs populations. Israël est un frein aux efforts américains au Moyen-Orient, et il perdure sans encombre car il peut compter sur le soutien massif du Congrès américain pour émousser la pression de l'exécutif, comme l'ont démontré les décisions israéliennes de saper sans vergogne l'autorité palestinienne au mépris des appels répétés de Washington à cesser les incursions militaires en Cisjordanie. L'assentiment de Washington à la politique israélienne, qui consistait à chasser Yasser Arafat de la tête du peuple palestinien fin juin 2002, a rendu l'alliance entre les gouvernements conservateurs arabes et Washington extrêmement difficile à justifier auprès des masses arabes.

En effet, on peut dire qu'à la suite du fiasco afghan et de l'intransigeance israélienne, la position stratégique de Washington au Moyen-Orient a plutôt empiré. Il n'y a pas eu non plus de gains politiques ni militaires en Asie du Sud-Est, l'Indonésie gardant ses distances avec Washington et l'accroissement de l'activité militaire américaine aux Philippines étant en train de tourner à l'engagement indéfini, comme au Vietnam. De fait, l'islam politique d'après le 11-Septembre semble avoir accru significativement son influence au sein des populations musulmanes d'Indonésie, Malaisie, Thaïlande et des Philippines.

L'arrivée de forces américaines en Géorgie et dans d'autres républiques d'Asie centrale – appelées les « stans[27] » – peut à première vue apparaître comme un avantage stratégique, compte tenu des réserves énergétiques de la région. Étant donné son incapacité à obtenir une victoire politique ou militaire décisive sur aucun front, les déploiements de Washington en Asie centrale représentaient en réalité une extension excessive de la puissance américaine, avec peu de gains stratégiques réels.

C'est sans surprise que des voix à Washington ont commencé à mettre en cause la capacité des États-Unis à engager des troupes et des ressources dans une guerre d'attrition sur plusieurs fronts. Une invasion de l'Irak, même si elle chassait Saddam Hussein, exacerberait simplement le

27. En référence à la terminaison des noms de plusieurs de ces pays. *(N.d.T.)*

dilemme de l'extension excessive, car un engagement militaire en Irak ne permettrait, comme en Afghanistan, aucune sortie aisée du gigantesque chaos politique qu'il créerait. Paul Kennedy a une expression imagée pour parler du dilemme auquel est confronté Washington : « l'empire trop étendu[28] ».

Il était tentant en fait de dire qu'il y avait un parallèle historique entre la création sans discrimination par les États-Unis de nouveaux fronts contre la terreur et le déchaînement japonais à travers l'Asie du Sud-Est et le Pacifique dans les six premiers mois de 1942. De larges portions de territoire étaient conquises, mais au prix d'une extension excessive de la puissance impériale japonaise. En créant tant de fronts, le Japon finit par être incapable de concentrer ses forces et son attention sur les quelques secteurs réellement stratégiques.

La démocratie libérale perd du terrain

En milieu d'année 2002, il n'y avait toujours pas de gagnant clair dans ce qui a été appelé « la guerre contre la terreur ». Mais il y avait des

---

28. Paul Kennedy, *The Rise and Fall of the Great Powers*, New York, Vintage Books, 1989.

perdants. Les talibans en faisaient partie. L'autre grand perdant était la démocratie libérale aux États-Unis, dont la représentativité, comme on l'a noté précédemment, était déjà largement mise en doute avant le 11-Septembre. Pas même la guerre froide n'avait été présentée en termes aussi grandiloquents que « guerre contre la terreur ». Des lois ont été votées et des décisions de l'exécutif ont été prises pour restreindre les droits fondamentaux à la vie privée et la libre circulation des personnes à une vitesse et d'une manière qui ont dû faire pâlir d'envie Joseph McCarthy dans sa tombe. Les États-Unis n'étaient pas en guerre depuis trois mois que des lois furent votées et des décrets signés, instaurant des tribunaux militaires d'exception pour juger les citoyens non américains ; édictant la culpabilité par association pour les immigrants ; lançant un effort massif afin de suivre à la trace huit mille jeunes hommes musulmans ; autorisant le procureur général à emprisonner des étrangers indéfiniment sur la base de simples soupçons ; permettant les écoutes téléphoniques et les perquisitions secrètes ; autorisant, dans les procédures d'immigration, l'utilisation d'éléments secrets dont les étrangers ne pouvaient pas prendre connaissance et qu'ils ne pouvaient pas contester ; donnant autorité au ministère de la Justice pour rejeter les décisions des juges d'immigration ; détruisant le secret de la relation client-avocat en autorisant le gouvernement à l'écouter; et en institutionnalisant le profilage racial et ethnique.

Les Américains se sont souvent enorgueillis d'avoir un système politique dont le rôle est de maximiser et de protéger les libertés individuelles selon les grandes lignes exposées par John Locke et Thomas Jefferson. Cette tradition a été sévèrement battue en brèche dans les mois qui suivirent le 11-Septembre, quand les républicains au pouvoir, dans un vaste sauve-qui-peut, ont demandé au peuple américain d'accorder au gouvernement de nouveaux pouvoirs sur les personnes au nom de la garantie de l'ordre et de la sécurité.

Au lieu de s'adapter au monde en plein changement, la démocratie américaine, déjà limitée, régressait encore, passant des principes de Locke de la fin du XVIIe siècle à ceux de Hobbes exposés en 1640 dans le *Léviathan*, le chef-d'œuvre dans lequel il déclarait que les citoyens devaient faire preuve d'une loyauté inconditionnelle envers un État qui assurait la sécurité de leur personne.

La mesure dans laquelle les efforts pour réduire les libertés formelles traditionnelles étaient menacés a été illustrée lors d'une audition mémorable au Sénat quand le procureur général, John Ashcroft, a déclaré que ceux qui critiquaient les mesures de sécurité de l'administration Bush étaient des alarmistes « qui effrayaient les amoureux de la paix avec des fantômes de liberté perdue [et] aidaient les terroristes[29] ». Le fait que les sénateurs démocrates libéraux, contre qui étaient dirigées ces remarques, n'osèrent pas répondre, montre l'habileté avec laquelle les conservateurs avaient su utiliser la lutte antiterroriste pour gagner ce qu'ils considéraient comme la vraie guerre aux États-Unis, c'est-à-dire la guerre contre les libéraux et les progressistes. Ce n'est que récemment que l'opposition démocrate s'est enfin élevée publiquement contre la réduction des libertés civiles, et encore, timidement.

Déjà en crise avant le 11-Septembre, la démocratie libérale américaine a plongé dans une crise de crédibilité encore plus grave sous la pression accrue après le 11-Septembre de la droite républicaine au pouvoir. Bien que de nombreux libéraux et progressistes restent gênés dans leurs critiques par la popularité de la campagne antiterroriste, il est vraisemblable qu'au fur et à mesure qu'il deviendra plus évident que le but principal de cette campagne est de gérer l'opposition et de

---

29. Cité dans Edward Klein, « We're not Destroying Rights, We're Protecting Rights », dans *Parade Magazine*, 19 mai 2002, p. 5.

mener une contre-révolution aux États-Unis, la « guerre civile culturelle » entre les libéraux et les conservateurs deviendra de moins en moins policée.

Porto Alegre et l'avenir

En somme, en à peine plus d'une décennie, le capitalisme global est passé du triomphe à la crise. Le 11-Septembre, rétrospectivement, n'aura été qu'un léger contretemps dans cette crise prolongée, mais les failles de plus en plus béantes du système capitaliste – incluant les régimes politiques démocratiques libéraux et l'hégémonie militaire américaine qui, de fait, en est la protectrice – ne pourront plus être colmatées longtemps. À l'heure actuelle, la crise est avant tout une crise de légitimité. Les crises de légitimité, cependant, sont un prélude nécessaire au changement, puisque lorsque la légitimité ou le consensus n'existent plus, la désintégration des structures n'est plus qu'une question de temps.

Toutefois, la crise du système du capitaliste global n'implique pas nécessairement son remplacement par une alternative plus souriante. Il est important ici d'avoir une perspective historique. Durant la première phase de la globalisation, une période qui couvre tout le XIXe siècle et se termine en 1914, la réaction à l'inexorable transformation par le capitalisme du monde naturel et social en valeurs marchandes a été une recherche de nouvelles formes de communauté, et de nouvelles bases de solidarité sociale au-delà du marché. Rétrospectivement, le socialisme, le communisme, la social-démocratie et les mouvements de libération nationale peuvent tous être vus comme des expressions de cette poussée en réaction. Le fascisme, que Karl Polanyi a défini comme « la réforme de l'économie de marché au prix de l'extirpation des institutions démocratiques[30] » faisait aussi partie de cette poussée, mais une poussée en l'occurrence prenant en otage la recherche de communauté pour la mettre au service de la réaction, de la contre-révolution et du racisme.

Le fascisme a failli triompher dans les années trente et au début des années quarante. Mais après sa défaite à l'issue de la Seconde Guerre mondiale, c'est une lutte entre deux réponses au capitalisme de libre marché débridé, le capitalisme keynésien et le socialisme d'État, qui a dominé la plus grande partie de la deuxième moitié du XXe siècle. Le paradigme économique keynésien était en réalité un compromis entre classes sociales concurrentes qui imposait des

30. Karl Polanyi, *The Great Transformation*, Boston, Beacon, 1957, p. 254.

limites au fonctionnement du marché. Son adoption généralisée par les élites du Nord comme du Sud – où il prit la forme de « développement dirigé par l'État » – s'expliquait par le besoin de créer une base sociale stable afin de contenir la révolution sociale globale.

De même, la deuxième phase de globalisation, qui commença avec le démantèlement de l'État keynésien dans les années quatre-vingt et atteignit son apogée au milieu des années quatre-vingt-dix, a déclenché toute une gamme de recherches de communautés, pas toutes progressistes. L'une d'entre elles est l'islamisme radical, qui considérait l'hégémonie de l'armée et des grandes entreprises américaines comme l'apogée d'un effort occidental à long terme pour éroder l'intégrité des sociétés islamiques, réaffirmait l'unité de la religion, du peuple, et de l'État islamiques, et déclarait le *jïhad*[31] contre les États-Unis. Comme le fascisme dans les années trente, son impact populaire est impressionnant : quelque jugement éthique qu'on puisse porter sur l'islamisme radical, il est indéniable qu'à la fin du XXe siècle, il avait réussi à rallier les loyautés d'un très grand nombre de jeunes gens à travers le monde musulman, à tel point que les élites conservatrices

31. Guerre sainte. *(N.d.T.)*

dirigeantes, par exemple au Pakistan ou en Arabie Saoudite, avaient besoin d'emprunter leur langage pour survivre.

À l'extrémité progressiste de la gamme de communautés, des réponses diverses apparaissent, généralement rassemblées sous l'étendard du « processus de Porto Alegre ». Site du Forum social mondial (FSM) en 2001 puis en 2002, Porto Alegre, ville brésilienne de taille moyenne, est devenue un mot synonyme de l'esprit du mouvement bourgeonnant s'opposant à la globalisation sous la conduite des grandes entreprises. Galvanisées par le slogan « Un autre monde est possible », quelque 50000 personnes se sont rassemblées dans cette ville côtière entre le 30 janvier et le 4 février 2002, un nombre presque cinq fois supérieur à celui des personnes venues en 2001.

Des pêcheurs d'Inde, des agriculteurs d'Afrique de l'Est, des syndicalistes de Thaïlande, des personnes originaires d'Amérique centrale étaient de ceux qui avaient fait le voyage jusqu'à Porto Alegre. Les Brésiliens, bien sûr, étaient les plus nombreux, mais un grand nombre d'Argentins avaient traversé le Río de la Plata pour venir partager leur sentiment sur la tragédie de leur pays. Il y avait aussi un contingent non négligeable du Nord, l'Italie fournissant à elle seule plus de 2000 délégués.

En termes de symbole, tandis que Seattle était le lieu de la première victoire importante dans la lutte contre la globalisation sous la conduite des grandes entreprises, Porto Alegre marque le déplacement vers le Sud du centre de gravité de ce qui est devenu un mouvement global en développement rapide.

Devenu maintenant un événement annuel, on peut dire que Porto Alegre assure trois fonctions pour le mouvement. Premièrement, c'est un lieu – à la fois physique et temporel – permettant à ce mouvement diversifié de se réunir, de tisser des réseaux et, plus simplement, d'éprouver et d'affirmer son existence. Deuxièmement, c'est une retraite durant laquelle le mouvement rassemble ses énergies et planifie ses prochains combats pour faire reculer les processus, les institutions et les structures du capitalisme global. Car il ne faut jamais relâcher l'effort pour déconstruire les structures régnantes. Naomi Klein, l'auteur de *No Logo : la tyrannie des marques*, l'a exprimé simplement et avec force quand elle a dit que le besoin du moment était « moins de société civile et plus de désobéissance civile[32] ». Troisièmement, Porto Alegre apporte un espace

32. Discours à l'assemblée plénière « Civil Society and the Public Arena », Forum social mondial, Porto Alegre, Brésil, du 30 janvier au 4 février 2002.

au mouvement pour dessiner, élaborer et débattre de la vision, des valeurs et des institutions d'un ordre mondial alternatif. Les temps forts du rassemblement de 2002 ont été les vingt-six sessions plénières, étendues sur quatre jours, structurées autour de quatre thèmes : la production de richesse et la reproduction sociale, l'accès à la richesse et le développement durable, la société civile et l'arène publique, le pouvoir politique et éthique dans la nouvelle société. À côté de ce noyau ont pris place des dizaines de séminaires, un tribunal populaire sur la dette, une convention de parlementaires progressistes, et environ cinq cents ateliers.

Porto Alegre n'était bien sûr qu'une étape dans un processus plus vaste d'élaboration d'alternatives. C'était le macrocosme d'un très grand nombre de projets plus petits, les uns et les autres d'importance égale, entrepris dans le monde entier par des millions de gens qui ont dit aux réformistes, cyniques et autres « réalistes », de céder la place, car un autre monde était possible. Et nécessaire. Au début du XXe siècle, Rosa Luxemburg a fait sa célèbre remarque sur la possibilité d'un avenir appartenant à la « barbarie ». La barbarie sous la forme du fascisme a failli triompher il y a six décennies. Aujourd'hui, la globalisation, conduite par les grandes entreprises, est en train de créer le même genre d'instabilité, de ressentiment et de crise qui sert de terreau aux forces populistes, fascistes, fanatiques et autoritaires. La globalisation non seulement n'a pas tenu ses promesses, elle a aussi rendu beaucoup de gens amers. Les forces représentant une solidarité et une communauté authentiques n'ont d'autre choix que d'intervenir rapidement et convaincre ceux qui sont désabusés qu'un autre monde, meilleur, est effectivement possible. Car l'alternative est de voir, comme dans les années trente, le vide rempli par les terroristes, les démagogues de la droite religieuse ou laïque et tous les pourvoyeurs d'irrationalité et de nihilisme.

2

La marginalisation du Sud dans le système international

LA QUESTION de la gouvernance économique globale est devenue brûlante ces dernières années. L'alarme a été donnée lors de la crise financière asiatique de 1997, lorsque l'absence de régulation sur les flux financiers globaux a permis une fuite massive de capitaux[1] spéculatifs d'Asie du Sud et du Sud-Est, entraînant l'effondrement de ces économies qui connaissaient un boom, et une grande souffrance pour leurs populations. Le rôle du Fonds monétaire international (FMI), qui a

1. « Fuite de capital » signifie, par exemple, revente de projets locaux, qui avaient été réalisés par des investisseurs internationaux, à des Thaïs en échange de dollars, pour les faire sortir du pays. *(N.d.T.)*

rendu ces économies vulnérables aux flux de capitaux volatiles, a été sévèrement critiqué, de même que sa part dans l'aggravement de la crise de ces économies causé par les programmes de stabilisation déflationnistes mis en place à la suite de l'hémorragie spéculative.

Sur les talons de la crise du FMI arriva l'échec de la conférence ministérielle de l'Organisation mondiale du commerce (OMC) à Seattle en décembre 1999, causé par une désaffection globale massive vis-à-vis de ses politiques de libéralisation commerciale indiscriminée et de son système opaque de prise de décision. En février 2000, la Commission consultative sur les institutions financières internationales, nommée par le Congrès américain, plus connue sous le nom de Commission Meltzer, remit son rapport accusant la Banque mondiale de ne servir à rien pour résoudre le problème de la pauvreté globale, et le FMI d'être une partie du problème plutôt que de la solution de la gouvernance financière mondiale.

Qui aurait pu prédire cette crise sévère de légitimité du milieu de la décennie, quand ce qui avait été considéré comme le summum du système multilatéral global, l'OMC, était né après huit années de négociations commerciales de l'Uruguay Round ? L'avenir était radieux et le défi à relever était la « cohérence » du système multilatéral, c'est-à-dire la synchronisation des politiques de la Banque mondiale, du FMI et de l'OMC, afin d'arriver le plus rapidement possible à une économie réellement globale, c'est-à-dire fondée sur des échanges commerciaux et des flux financiers libres. Cette vision grandiose avait été exposée dans la fameuse « Déclaration de cohérence » de l'OMC :

> Étant donné les liens qui existent entre les différents aspects de la politique économique, il est nécessaire que les institutions internationales compétentes dans chacun de ces domaines suivent des politiques cohérentes qui se renforcent mutuellement. En conséquence, l'Organisation mondiale du commerce devrait poursuivre et développer sa coopération avec les organisations internationales compétentes dans les domaines monétaire et financier, tout en respectant le mandat, les prescriptions en matière de confidentialité et l'autonomie nécessaire des procédures de prise de décision de chaque institution, en évitant d'imposer aux gouvernements une conditionnalité croisée ou des conditions additionnelles. Les ministres invitent le directeur général de l'OMC à examiner, avec le directeur général du Fonds monétaire international et le président de la Banque mondiale, les implications des compétences de l'OMC pour la coopération de celle-ci avec les institutions de Bretton

> Woods, ainsi que les formes que cette coopération pourrait revêtir, en vue d'arriver à une plus grande cohérence dans l'élaboration des politiques économiques au niveau mondial[2].

Dès l'an 2000, la cohérence était mise en veilleuse, et le problème auquel étaient confrontées ces institutions était leur perte de légitimité et finalement leur survie.

Le système actuel de gouvernance économique global se trouve à l'intersection de deux dynamiques fondamentales de l'économie internationale d'après-guerre : les relations de concurrence entre les différentes économies capitalistes dominantes, et les efforts des pays du tiers-monde pour obtenir une redistribution du pouvoir économique global. L'analyse va se concentrer sur ce dernier point.

La date à laquelle démarrer cette analyse est la période de la décolonisation dans les années cinquante et soixante. L'émergence de dizaines de nouveaux États indépendants eut lieu dans l'atmosphère politiquement chargée de la guerre froide. En ce qui concerne leurs alliances

2. Organisation mondiale du commerce, déclaration sur la contribution de l'Organisation mondiale du commerce à une plus grande cohérence dans l'élaboration des politiques économiques au niveau mondial, Genève, OMC, 1994. Voir le site Internet : http://www.wto.org/french/docs_f/legal_f/32-dcohr.pdf

politiques, bien que les pays du tiers-monde fussent souvent partagés entre l'Est et l'Ouest, ils gravitaient vers un programme économique ayant deux grands axes sous-jacents : le développement rapide et la redistribution globale de richesses.

Tandis que l'expression la plus radicale de ce programme, c'est-à-dire la théorie léniniste de l'impérialisme, attirait l'attention et, cela va sans dire, la condamnation de certains, c'est sa version plus modérée qui a eu le plus d'influence pour rassembler des gouvernements du tiers-monde, par ailleurs politiquement très divers, en un front commun. C'était la vision, l'analyse et le programme d'action forgés par Raul Prebisch, un économiste argentin qui, depuis sa base à la Commission économique pour l'Amérique latine et les Caraïbes (CEPALC)[3], a bénéficié d'une audience globale avec ses nombreux écrits.

Développée à la fin des années cinquante et au début des années soixante, la théorie de Raul Prebisch était centrée sur la détérioration des termes de l'échange entre les pays industrialisés et les pays non industrialisés. Une équation qui postulait que de plus en plus de matières premières et de produits agricoles du Sud étaient

---

3. La Commission économique pour l'Amérique latine et les Caraïbes, créée en 1948, est l'une des cinq commissions régionales de l'Organisation des Nations unies. *(N.d.T.)*

nécessaires pour acheter des quantités de plus en plus réduites de produits manufacturés du Nord. De plus, les relations commerciales allaient vraisemblablement se dégrader car les producteurs du Nord développaient des produits de substitution aux matières premières du Sud, et les consommateurs du Nord dépenseraient une proportion moindre de leurs revenus pour les produits agricoles du Sud[4].

L'avènement de la CNUCED

Connue dans les milieux du développement sous le nom de « structuralisme », la théorie de Prebisch de « l'exploitation qui ne verse pas de sang mais qui est inexorable », comme l'a décrite un auteur[5], a été une source d'inspiration pour les organisations, les formations et les programmes qui sont apparus dans le tiers-monde dans les années soixante et soixante-dix. On compte parmi ceux-ci le Mouvement des non-alignés, le Groupe des 77, l'Organisation des pays exportateurs de

4. Voir, parmi d'autres travaux, *Towards a New Trade Policy for Development*, New York, CNUCED, 1964.

5. Bernard Nossiter, *The Global Struggle for More : Third World Conflicts with Rich Nations*, New York, Harper & Row, 1987, pp. 42-43.

pétrole (OPEP) et le Nouvel Ordre économique international (NOEI). Elle a aussi joué un rôle central dans la création en 1964 de la Conférence des Nations unies sur le commerce et le développement (CNUCED), qui est devenue durant la décennie suivante le principal instrument des pays du tiers-monde dans leur effort pour restructurer l'économie mondiale.

Avec Prebisch comme Premier secrétaire général, la CNUCED mit en place une stratégie de réforme selon trois axes principaux. Le premier était la stabilisation des prix des matières premières et produits de base[6] par la négociation de prix planchers au-dessous desquels ils ne pourraient pas descendre. Le deuxième était un ensemble de tarifs préférentiels, c'est-à-dire l'autorisation donnée aux produits manufacturés du tiers-monde, au nom du développement, de pénétrer dans les premiers marchés mondiaux avec des barrières tarifaires moins élevées que celles appliquées aux exportations en provenance d'autres pays industrialisés. Le troisième était l'expansion et l'accélération de l'assistance étrangère, qui, du point de vue de la CNUCED, n'était pas de la charité mais une « compensation, une ristourne faite au tiers-monde pour les années

6. Ce qu'on appelle en anglais *commodities* (cacao, café, sucre, coton, cuivre, etc.). *(N.d.T.)*

de déclin du pouvoir d'achat de ses marchandises[7] ». La CNUCED s'efforça aussi de donner une légitimité aux politiques commerciales protectionnistes des pays du Sud en expliquant qu'il s'agissait de mécanismes pour bâtir leur industrialisation, et demanda qu'on accélère les transferts de technologie vers le Sud.

À des degrés divers, la critique structuraliste se refléta dans les approches d'autres organismes économiques importants du secrétariat des Nations unies, comme le Conseil économique et social (ECOSOC) et le Programme des Nations unies pour le développement (PNUD). Elle devint le point de vue dominant de la majorité de l'Assemblée générale.

Les jumeaux de Bretton Woods contre le système de développement des Nations unies

La réponse des principaux pays du Nord au défi de la décolonisation économique posée par les pays émergents a été influencée par plusieurs facteurs. Le premier était la guerre froide. La priorité donnée à l'entreprise politique consistant à contenir l'Union soviétique et le communisme

7. *Ibid.*, p. 45.

poussa le Nord, plus particulièrement le gouvernement des États-Unis, à tempérer sa position sur la question de la conformité des structures économiques de ses pays clients aux principes du libre marché. Bien que les États-Unis eussent toujours mis en avant l'initiative privée et qu'ils demandaient l'accès pour leurs grandes entreprises, ils étaient plus tolérants quand il s'agissait de protectionnisme, de contrôle des investissements ou d'un rôle gouvernemental fort dans la gestion de l'économie. Ils s'éloignèrent aussi d'une position classique d'exploitation pour donner au moins l'image de soutien à une redistribution globale limitée de la richesse, cela étant réalisé principalement à travers l'aide étrangère. Tandis que les pays émergents gravitaient vers le système des Nations unies, les gouvernements des pays riches s'en remettaient de plus en plus au FMI et à la Banque internationale pour la reconstruction et le développement (BIRD)[8] pour faire mettre en œuvre leur programme.

Les institutions de Bretton Woods, fondées en 1944, démarrèrent avec des missions très différentes

8. La Banque mondiale est formée de deux institutions : la Banque internationale pour la reconstruction et le développement (BIRD) et l'Association internationale de développement (AID). *(N.d.T.)*

du rôle qu'elles ont joué par la suite dans les relations Nord-Sud. Le FMI, conçu par John Maynard Keynes et Harry Dexter White, les deux figures dominantes de la conférence de Bretton Woods, était présenté comme le gardien des liquidités globales, une fonction qu'il était supposé remplir en s'assurant que les pays membres maintenaient des taux de change stables, et en offrant des facilités de caisse sur lesquelles ils pouvaient périodiquement tirer pour surmonter des difficultés cycliques de balance des paiements. De son côté, la BIRD a été créée, comme son nom l'indique, pour aider à la reconstruction des économies ravagées par la guerre, en particulier en Europe occidentale, en leur prêtant des fonds à des taux d'intérêt préférentiels.

Au début des années soixante-dix cependant, la décision du président des États-Unis, Richard Nixon, d'abandonner la convertibilité du dollar en or inaugura une ère nouvelle de taux de change flottants qui rendit la mission initiale du FMI superflue. Le Fonds s'impliqua alors profondément dans la stabilisation des économies du tiers-monde ayant des difficultés de balance des paiements. En ce qui concerne la Banque mondiale, elle était devenue la principale institution multilatérale pour l'aide et le développement.

La Banque mondiale, quant à elle, prit un tournant en 1951, lors du débat déclenché par le rapport d'un groupe d'experts intitulé « Mesures pour le développement économique des pays sous-développés », qui proposait de mettre à la disposition des pays du tiers-monde des aides et subventions[9]. Utilisant cela comme planche d'appel, les pays du tiers-monde tentèrent, à l'Assemblée générale, de faire passer des résolutions qui mettraient en place le Fonds spécial des Nations unies pour le développement économique (SUNFED), qui serait contrôlé non par le Nord mais par l'ONU et dont les critères d'attribution de prêts ne seraient pas des règles bancaires étroites mais les besoins de développement.

Le Nord, sous la houlette des États-Unis, s'opposa vigoureusement à ces tentatives, tout d'abord en temporisant et en faisant diversion, en proposant par exemple la création d'un fonds de 100 millions de dollars pour financer une enquête sur les investissements, qui serait réalisée par la BIRD ou une autre institution occidentale[10]. Mais quand les diversions et la temporisation échouèrent à enrayer la détermination du Sud à mettre en place le SUNFED, le Nord proposa une

9. Nassau Adams, « The UN's Neglected Brief – the Advancement of All Peoples », dans Erskine Childers (édit.), *Challenges to the UN*, New York, St. Martins Press, p. 31.

10. Nossiter, p. 34.

alternative: une institution destinée à faire des prêts bonifiés pour le développement, en dessous des taux de marché, avec des capitaux souscrits par le Nord, mais qui serait contrôlée par le Nord plutôt que par la majorité, c'est-à-dire les pays du tiers-monde, aux Nations unies. C'est ainsi que fut créée l'Association internationale de développement (AID), rattachée à la Banque mondiale, et chargée des prêts bonifiés. Comme l'a souligné un observateur de cette période:

> Une grande part de l'impulsion initiale de l'AID est venue de la Banque elle-même, de plus en plus préoccupée par les demandes du Sud pour un fonds concurrentiel des Nations unies. Eugene R. Black, l'astucieux président de la Banque, déclara sans ambages que « l'Association internationale de développement était en réalité une idée pour contrer ceux qui réclamaient le Sunfed ». Black, comme n'importe quel autre banquier, ne voyait pas l'utilité des prêts en dessous du marché. Mais si quelqu'un devait les faire, raisonnait-il, il valait mieux que ce soit la Banque. S'il fallait faire un nouveau genre d'affaires, Black voulait les faire lui-même[11].

11. *Ibid.*, p. 35.

L'AID faisait partie d'un compromis d'ensemble qui tua effectivement l'idée d'un fonds contrôlé par l'ONU. L'autre volet de l'accord était la création du Fonds spécial des Nations unies, plus tard rebaptisé Programme des Nations unies pour le développement (PNUD), qui servit d'outil pour les volumes beaucoup plus petits d'aide essentiellement technique aux pays du tiers-monde[12].

Le compromis AID-PNUD permit d'éviter une institution contrôlée par l'ONU, mais il ne mit pas un terme aux demandes toujours plus pressantes de la part du tiers-monde pour une redistribution du pouvoir économique global. Ce processus conduisit à la création de la CNUCED en 1964, et montra des résultats spectaculaires quand l'Organisation des pays exportateurs de pétrole (OPEP) parvint à prendre le contrôle des prix des hydrocarbures au début et au milieu des années soixante-dix. Il culmina lors de la session spéciale de l'Assemblée générale des Nations unies en 1974 quand celle-ci adopta le programme dit d'un « nouvel ordre économique international ». La teneur générale de ces décisions était clairement plus réformiste que révolutionnaire, exprimant les demandes des élites du tiers-monde

12. Adams, p. 31.

plutôt que celles des masses du tiers-monde. Néanmoins, leur visibilité dans le contexte des luttes menées avec succès par des mouvements révolutionnaires au Vietnam et dans d'autres pays du tiers-monde donna un caractère d'urgence à la recherche à Washington d'une stratégie de riposte efficace pour gérer la réforme.

Le défi du Sud dans les années soixante-dix

Dans les années soixante-dix, la Banque mondiale allait devenir l'élément central de la réponse libérale de Washington. Robert McNamara, qui avait été nommé en 1968 président de la Banque mondiale après son passage controversé au ministère américain de la Défense, devint le héraut de l'approche libérale élargie. L'approche de McNamara comportait plusieurs éléments. D'abord une augmentation massive des ressources de la Banque mondiale. Avec McNamara les prêts de la Banque mondiale passèrent d'une moyenne de 2,7 milliards de dollars par an lorsqu'il prit ses fonctions en 1968, à 8,7 milliards en 1978 et 12 milliards quand il les quitta en 1981. Ensuite un programme global voulant mettre fin à la pauvreté fut mis en place à travers un programme qui cherchait à contourner les difficultés associées aux réformes sociales, en concentrant les aides sur l'amélioration de la « productivité des pauvres ». Enfin, un effort était fait pour scinder le bloc du Sud en sélectionnant quelques pays comme « pays de concentration » auxquels l'assistance apportée par la banque serait supérieure à la moyenne pour des pays de taille et revenus similaires.

La montée de l'OPEP, cependant, rendit l'aide de la Banque mondiale et l'aide étrangère moins critiques pour plusieurs pays importants dans la CNUCED et le Groupe des 77 au milieu des années soixante-dix. Ces pays avaient désormais accès à des quantités massives de prêts que les banques commerciales n'étaient que trop heureuses de mettre à leur disposition dans leur effort pour tirer profit des milliards de dollars déposés par les pays de l'OPEP.

Se détournant des problèmes d'aide, la CNUCED s'attela à changer les règles du commerce international, et dans cette entreprise, enregistra quelques succès. Lors de la quatrième conférence de la CNUCED (CNUCED IV) à Nairobi en 1976, un accord a été signé, sans rencontrer de dissension de la part des pays développés, sur le Programme intégré pour les produits de base (PIPB). Ce programme stipulait que des accords pour dix-huit produits de base spécifiques seraient négociés ou renégociés, avec pour principal objectif d'éviter les fluctuations excessives de prix et de stabiliser le marché des produits de base à des niveaux rémunérateurs pour les producteurs et équitables pour les consommateurs. On s'accorda aussi sur la mise en place d'un fonds commun afin de réguler les prix s'ils tombaient en dessous ou au contraire grimpaient au-dessus de prix cibles négociés.

La pression de la CNUCED et du Groupe des 77 joua aussi un rôle central dans la décision du FMI d'ouvrir un nouveau guichet, la Facilité de financement compensatoire (FFC)[13], pour aider les pays du tiers-monde à gérer les crises de change causées par la chute brutale des prix des produits de base qu'ils exportaient. Une autre réussite de la CNUCED a été de faire accepter par les pays industrialisés le principe de tarifs préférentiels pour les pays en développement. Quelque vingt-six pays développés participaient à seize accords distincts de « système général de préférences » au début des années quatre-vingt.

Ces concessions étaient, bien sûr, limitées. Dans le cas de la stabilisation des prix des produits de base, il devint rapidement clair que les pays riches avaient troqué une stratégie de confrontation

13. La FFC a été créée, en réalité, en 1963, mais sous la pression des mêmes idées qui conduisirent à la création de la CNUCED en 1964. *(N.d.T.)*

pour une stratégie évasive consistant à repousser indéfiniment la signature d'accords concrets. Une décennie après CNUCED IV, un seul nouvel accord de stabilisation de produit de base, sur le caoutchouc naturel, avait été négocié. Un accord existant sur le cacao n'était pas opérationnel, et des accords sur l'étain et le sucre avaient cessé de fonctionner[14].

La réaction de la droite et la diabolisation du Sud

À la fin des années soixante-dix, cependant, même d'aussi petites concessions inquiétaient des secteurs de plus en plus influents de l'*establishment* américain. De telles concessions au sein du système de l'ONU étaient vues dans le contexte d'autres développements des relations Nord-Sud et démontraient que la stratégie de l'endiguement libéral, fer de lance de la Banque dans le domaine des relations économiques, n'avait pas tenu ses promesses : garantir la sécurité des intérêts

14. Alfred Maizels, « Reforming the World Commodity Economy », dans Michael Cutajar (édit.), *UNCTAD and the North-South Dialogue*, New York, Pergamon Press, 1985, p. 108. Nations unies, *World Economic and Social Survey*, New York, Nations unies, 1988, p. 42.

occidentaux dans le Sud par le biais de la cooptation des élites du tiers-monde.

Tout en professant leur anticommunisme, les élites dirigeantes dans le tiers-monde, qui formaient la colonne vertébrale du système de la CNUCED, cédèrent à la pression populaire, encouragées par les intérêts de l'industrie locale, et renforcèrent les entraves aux investissements étrangers. Nulle part cette tendance n'effraya plus les milieux d'affaires américains que dans deux pays considérés comme hautement stratégiques par les multinationales américaines. Au Brésil, où les entreprises contrôlées par l'étranger représentaient la moitié des ventes totales de l'industrie[15], le régime militaro-technocratique invoqua des considérations de sécurité nationale et prit la décision à la fin des années soixante-dix de réserver le secteur stratégique du traitement de l'information aux entreprises locales, provoquant ainsi une dénonciation amère par IBM et d'autres entreprises informatiques américaines[16]. Au

15. Karin Lissakers, *Banks, Borrowers, and the Establishment : A Revisionist Account of the International Debt Crisis*, New York, Basic Books, 1991, p. 56.

16. Eduardo White, « The Question of Foreign Investments and the Economic Crisis of Latin America », dans Richard Feinberg et Ricardo French-Davis (édits.), *Development and External Debt in Latin America : Bases for a New Consensus*, Notre Dame, Indiana, University of Notre Dame Press, 1988, pp. 157-158.

Mexique, où les entreprises étrangères représentaient près de 30 % de la production manufacturière[17], des procédures juridiques et des menaces de retirer des investissements par la puissante industrie pharmaceutique américaine furent déclenchées pas le programme gouvernemental la concernant. Elle proposait une politique sans brevets, la promotion des médicaments génériques, le développement local des matières premières, le contrôle des prix, des mesures incitatives pour les entreprises locales et le contrôle des investissements étrangers[18].

Pour troublantes qu'elles soient, l'impact de ces concessions et mesures ne pouvait pas se comparer à celui du deuxième choc pétrolier de l'OPEP en 1979. Malgré le fait que les entreprises pétrolières occidentales répercutaient sur les consommateurs l'accroissement des prix pour préserver leurs énormes marges de profit, aux yeux de nombreux Américains, l'OPEP devint le symbole du Sud : un gang irresponsable qui voulait absolument utiliser son quasi-monopole sur une ressource clé afin de mettre l'Occident à genoux. Bien que l'OPEP ne fût pas dominée par des communistes ou des nationalistes radicaux comme la Libye de

17. Lissakers, p. 56.
18. White, p. 158.

Kadhafi, mais par des alliés des États-Unis comme l'Arabie Saoudite, le Koweït ou le Venezuela, son « arme pétrolière » effrayait davantage que l'arsenal nucléaire de l'Union soviétique. On craignait que le cartel du pétrole ne soit le précurseur d'un bloc du Sud unifié qui contrôlerait la plupart des produits de base stratégiques, et les propagandistes de la droite, dans leurs efforts pour attiser la peur et le dégoût au Nord, rappelèrent les termes de la Déclaration d'Alger du Mouvement des non-alignés en 1973 : « Les chefs d'État ou de gouvernement recommandent la mise en place d'organisations solidaires effectives pour défendre les intérêts des pays producteurs de matières premières, comme l'Organisation des pays exportateurs de pétrole [...] afin de recouvrer le contrôle des ressources naturelles et d'assurer des revenus d'exportation de plus en plus substantiels[19]. »

Le système des Nations unies était la principale cible de la campagne de diabolisation du Sud, orchestrée par les milieux de droite à la fin des années soixante-dix et au début des années quatre-vingt. De leur point de vue, l'ONU était devenu l'instrument central de la stratégie du Sud qui devait conduire à l'avènement du Nouvel ordre

19. Cité dans Nossiter, p. 57.

économique international (NOEI). Aux yeux de la Fondation Heritage, l'un des *think tanks*[20] de la droite, les gouvernements du Sud consacraient « un temps et des ressources considérables pour diffuser l'idéologie du NOEI au sein du système des Nations unies et au-delà. Virtuellement, aucun des départements et des bureaux de l'ONU n'a été épargné[21]. » Les efforts du Sud pour redistribuer le pouvoir économique global à travers les mécanismes de l'ONU étaient perçus comme résultant d'un plan concerté : les flux d'information d'entreprise étaient l'objet d'attaques internationales et aussi par des pays individuels du tiers-monde ; des propositions pour un contrôle strict du commerce international des produits pharmaceutiques étaient à l'étude dans plusieurs départements de l'ONU ; d'autres institutions internationales préparaient des codes de bonne conduite contraignants pour les grandes entreprises multinationales ; et l'Unesco avait proposé des restrictions internationales sur la presse[22].

---

20. *Think tank* : Cercle de réflexion, soutenu souvent aux États-Unis par des financements privés importants dans le but de promouvoir leurs intérêts. *(N.d.T.)*

21. Doug Bandow, « The US Role in Promoting Third World Development », dans Heritage Foundation, *US Aid to the Developing World : A Free Market Agenda*, Washington, DC, Heritage Foundation, 1985, p. 22.

22. *Ibid.*, p. 24.

La Fondation trouvait particulièrement menaçante la tentative des pays du tiers-monde de « redistribuer les ressources naturelles ». Ces derniers souhaitaient faire passer les fonds marins, l'espace et l'Antarctique sous leur contrôle par le biais de la Convention des Nations unies sur le droit de la mer, le Traité gouvernant les activités des États sur la lune et les autres corps célestes (dit Traité de la lune), et les autres études et débats en cours à l'ONU sur l'Antarctique. Le Premier ministre de Malaisie, Mahathir bin Mohamad, principal architecte de l'effort de l'ONU pour contrôler l'Antarctique, déclara à l'Assemblée générale : « Toutes les richesses non revendiquées de cette terre » sont « l'héritage commun de l'humanité », donc naturellement sujettes au contrôle politique du tiers-monde[23].

Le Sud remis dans le droit chemin

Ajustement structurel

Quand l'administration Reagan arriva au pouvoir en 1981, elle se considérait comme investie d'un mandat non seulement pour éliminer le communisme, mais aussi pour rappeler le tiers-monde

23. *Ibid.*, pp. 23-24.

à l'ordre. Durant les quatre années suivantes, elle mit en œuvre une double stratégie, ayant pour objectif d'une part de démanteler le « capitalisme assisté par l'État », vu comme le camp de base des élites capitalistes du Sud, d'autre part d'affaiblir considérablement le système des Nations unies en tant que forum et instrument du programme économique du Sud.

La possibilité se présenta rapidement sous la forme de la crise globale de la dette qui éclata à l'été 1982, et affaiblit considérablement la capacité des gouvernements du Sud à traiter avec ceux du Nord ainsi qu'avec les institutions multilatérales dominées par ce dernier. On sélectionna, comme instruments pour contrecarrer le Sud, la Banque mondiale et le FMI. C'était une transformation intéressante pour la Banque mondiale, qui avait été auparavant vilipendée par le *Wall Street Journal* et la droite comme l'un des « vilains » derrière l'affaiblissement de la position globale du Nord en faisant la « promotion du socialisme » dans le tiers-monde avec ses prêts aux gouvernements du Sud. Mais le libéral McNamara, que la droite accusait maintenant d'avoir perdu la guerre du Vietnam et de n'avoir pas su s'opposer au défi du Sud, avait été remplacé par un successeur plus docile, et les idéologues de droite qui voulaient fermer la Banque furent tempérés par les conservateurs pragmatiques qui souhaitaient plutôt l'utiliser comme outil de discipline.

« Ajustement structurel » faisait référence à une nouvelle approche dans l'accord des prêts, formulée durant les dernières années de McNamara à la tête de la Banque. Contrairement aux prêts traditionnels, un prêt d'ajustement structurel visait à mettre en place un programme de « réformes » qui se serait appliqué à toute l'économie, ou à tout un secteur de l'économie. Au milieu des années quatre-vingt, les ajustements structurels imposés par le FMI et la Banque mondiale devinrent l'instrument d'un vaste programme de libéralisation des marchés appliqué à l'ensemble des économies du tiers-monde souffrant de graves problèmes d'endettement. Presque invariablement, ils comportaient les éléments suivants :

- réduction radicale des dépenses du gouvernement. Officiellement destinée à contrôler l'inflation et réduire le besoin de capitaux étrangers, c'était une mesure qui se traduisait en pratique par des coupes dans les dépenses pour la santé, l'éducation et les mesures sociales ;
- libéralisation des importations et suppression des restrictions sur les investissements de l'étranger. Cette mesure rendait officiellement l'industrie locale plus efficace en la confrontant à la concurrence étrangère ;

- privatisation des entreprises d'État et dérégulation radicale. Le but était de promouvoir une allocation et une utilisation plus efficaces des ressources productives en s'appuyant sur les mécanismes de marché plutôt que sur des décrets du gouvernement ;
- dévaluation de la monnaie pour rendre les exportations plus compétitives. Mais elle rendait aussi le service de la dette en dollars vis-à-vis de l'extérieur plus coûteux ;
- coupes ou restrictions salariales et limitation ou réduction des mécanismes de protection du travail, comme le salaire minimum. Il s'agissait, dans ce cas de figure, d'éliminer ce qui était considéré comme des barrières artificielles à la mobilité des capitaux locaux et étrangers.

À la fin des années quatre-vingt, alors que plus de soixante-dix pays du tiers-monde étaient soumis au traitement du FMI et de la Banque mondiale, la stabilisation, l'ajustement structurel et la thérapie de choc gérés par le lointain Washington étaient devenus le lot commun d'une grande partie du Sud. Tandis que l'ajustement structurel était jugé nécessaire pour créer les conditions qui permettraient aux pays du tiers-monde de rembourser leurs dettes auprès des banques du Nord, il y avait un objectif plus stratégique : démanteler le système de capitalisme assisté par l'État qui servait de base locale aux élites capitalistes nationales. En 1988, une enquête sur les Programmes d'ajustement structurels (PAS) réalisée par la Commission des Nations unies pour l'Afrique conclut que l'essence des PAS était la « réduction/suppression de l'intervention directe de l'État dans les secteurs économiques de la production et de la redistribution[24] ».

En ce qui concerne l'Amérique latine, un critique observa que les États-Unis profitèrent de « cette période de tensions financières en insistant pour que les pays endettés suppriment les interventions de leurs gouvernements en échange de l'obtention de leur crédit[25] ». De même, une étude rétrospective sur la décennie d'ajustement montra, dans un livre publié en 1992 par la Banque interaméricaine de développement, que la suppression des interventions gouvernementales dans l'économie était l'élément central de l'idéologie inspirant les réformes structurelles des années quatre-vingt.

---

24. Cité dans Seamus Cleary, « Toward a New Adjustment in Africa », dans « Beyond Adjustment », numéro spécial de *African Environment*, vol. 7, n° 1-4, p. 357.

25. John Sheahan, « Development Dichotomies and Economic Development Strategy », dans Simon Teitel (édit.), *Toward a New Development Strategy for Latin America : pathways from Hirschman's thought*, Washington, DC, Inter-American Development Bank, 1992, p. 53.

À la fin des douze années de l'ère Reagan-Bush, en 1992, le Sud avait été profondément transformé : de l'Argentine au Ghana, l'intervention de l'État dans l'économie avait été drastiquement réduite ; les entreprises publiques passaient dans des mains privées au nom de l'efficacité ; les barrières protégeant des importations du Nord étaient radicalement abaissées ; et, au travers de politiques ayant pour priorité l'exportation, l'économie intérieure était plus étroitement intégrée dans les marchés mondiaux dominés par le Nord.

Dompter les Tigres

Une région du Sud était restée relativement épargnée par la première phase de la contre-révolution économique menée par le Nord : l'Asie de l'Est et du Sud-Est. Ici, presque tous les systèmes économiques avaient les mêmes caractéristiques de capitalisme assisté par l'État qu'ailleurs au Sud : un gouvernement intervenant activement dans les domaines clés de l'économie, une focalisation sur l'industrialisation afin d'échapper au destin de simple producteur de produits agricoles et de matières premières, la protection des marchés intérieurs de la concurrence étrangère, un contrôle étroit des investissements étrangers. Les principales économies d'Asie de l'Est et du Sud-Est semblaient différer des autres économies du Sud dans la présence d'un État fort et capable de discipliner les élites locales, la plus grande internalisation par les élites de l'État d'une politique tournée vers le développement, et la conduite de politiques mercantilistes agressives à la conquête des marchés dans le monde développé, particulièrement aux États-Unis.

Nombre de ces « Nouveaux Pays industrialisés » (NPI) – comme on les appelait – ayant été en première ligne durant la guerre froide, Washington avait fait preuve d'indulgence vis-à-vis de leurs déviations par rapport au libre-marché idéal. Mais tandis qu'au milieu des années quatre-vingt, la guerre froide s'estompait, les États-Unis commencèrent à revoir leur politique économique avec l'Asie de l'Est, qui devrait maintenant concourir sur un pied d'égalité avec les grandes entreprises américaines via la libéralisation, la dérégulation et une plus grande privatisation des économies asiatiques.

Ce fut l'objectif que Washington poursuivit par différents moyens à la fin des années quatre-vingt et au début des années quatre-vingt-dix. Le Japon, cependant, était en train de dépenser des capitaux importants pour délocaliser une partie de ses activités industrielles vers l'Asie de l'Est et du Sud-Est afin de compenser la perte de compétitivité due à la rapide appréciation du yen à la suite des accords du Plaza en 1985[26]. L'accès à ces capitaux permit à des pays comme la Corée du Sud, la Thaïlande et l'Indonésie d'ignorer les exigences des programmes formels d'ajustement structurel qui leur avaient été imposés par la Banque mondiale et le FMI au début des années quatre-vingt quand ils étaient temporairement déstabilisés par la crise de la dette.

Pour tenter de discipliner les NPI, les États-Unis utilisèrent des mécanismes unilatéraux et multilatéraux. L'administration républicaine de Reagan et Bush senior privilégiait l'approche unilatérale, tandis que l'administration Clinton, au moins au début, semblait préférer une solution multilatérale, en poussant par exemple la Coopération économique pour l'Asie-Pacifique (CEAP) à devenir le cadre de discipline des économies asiatiques.

La dynamique de la CEAP mérite de s'y arrêter un instant, car l'essor puis la chute de cette organisation illustrent les limites du pouvoir des États-Unis dans la période de précrise financière[27].

---

26. Accords monétaires de stabilisation des taux de change, signés en septembre 1985 à l'hôtel Plaza à New York, ayant eu pour conséquence principale la dépréciation du dollar par rapport au yen et au Deutsche Mark. *(N.d.T.)*

27. L'auteur fait référence à la « crise de la dette » du début des années quatre-vingt qui frappa de nombreux pays du tiers-monde, en particulier l'Amérique latine. *(N.d.T.)*

Le Japon avait initialement proposé la création de la CEAP en tant qu'organisme consultatif, sur les mêmes principes que l'Organisation de coopération et de développement économiques (OCDE). Au début des années quatre-vingt-dix, cependant, l'Australie et les États-Unis cherchèrent à transformer la CEAP d'association vague en zone de libre-échange au sein de laquelle les pays s'engageraient à mettre en œuvre des plans nationaux de libéralisation à grande échelle, avec des échéanciers précis, qui aboutiraient à un marché régional libre. L'idée de Washington était de reproduire avec la CEAP l'équivalent transpacifique de l'Accord de libre-échange nord-américain (ALENA).

Les moments forts de ce plan furent le sommet de Seattle de 1993, quand les États-Unis se substituèrent à l'Australie pour diriger le projet de zone de libre-échange, et le sommet de Bogor, en Indonésie, en 1994, quand fut arrêtée la date de 2020 pour atteindre le libre-échange total, défini comme une situation où toutes les barrières douanières seraient inférieures ou égales à 5 %.

La réponse asiatique à cette initiative fut d'accepter verbalement l'objectif de libre-échange régional, mais de l'étouffer, en pratique, disant que la libéralisation devait être volontaire et son rythme adapté à la situation particulière de chaque pays.

Les luttes en coulisse au sein de la CEAP ont peut-être été le mieux décrites par le journaliste économique australien Kenneth Davidson :

> L'hypothèse implicite derrière la CEAP est que si les pays anglo-saxons pouvaient persuader les pays asiatiques de jouer le jeu du développement économique selon les règles des Anglo-Saxons, alors ce jeu du développement économique se transformerait en un jeu de laisser-faire, néoclassique, bénéficiant à toutes les parties, où les joueurs seraient transmués de pays ou tribus en entreprises et individus[28].

La variété asiatique du capitalisme administré, poursuivait-il, s'est révélée cependant « plus résistante à la convergence politique et culturelle imposée par les forces de la globalisation », et l'objectif australo-américain, avec la CEAP, était « de faire en sorte que les vainqueurs asiatiques du jeu économique nient les bases culturelles de leur succès afin de créer les conditions grâce auxquelles les perdants deviendraient les gagnants[29] ».

Au sommet d'Osaka, en 1995, sous la houlette du pays hôte, le Japon, le bloc asiatique réussit à

---

28. Kenneth Davidson, « Hard Lessons Ahead as We Learn to Deal With Asia », *The Age*, 15 novembre 1994, p. 19.

29. *Ibid.*

torpiller l'objectif américain de 2020 en obtenant qu'il soit déclaré dans le communiqué final que la libéralisation serait volontaire. Après Osaka, les États-Unis abandonnèrent l'idée de faire de la CEAP le pendant de l'ALENA, et l'administration Clinton en fut réduite à l'unilatéralisme dans la diplomatie commerciale et financière comme arme principale pour contrer les NPI asiatiques.

L'unilatéralisme fut soutenu agressivement, au point d'être parfois *de facto* une guerre commerciale. L'état d'esprit de Washington a été dépeint avec éloquence par un haut fonctionnaire américain qui, prenant la parole à une conférence sur les marchés des capitaux à San Francisco, déclara : « Bien que les NPI puissent être considérés comme des tigres car ce sont des commerçants puissants et féroces, l'analogie a aussi son côté sombre. Les tigres vivent dans la jungle et selon les lois de la jungle. Et leur population va diminuant[30]. »

Avec l'aide du FMI et de la Banque mondiale, la pression unilatérale parvint à obtenir des pays asiatiques clés la libéralisation de leurs mouvements de capitaux avec l'étranger et leurs secteurs financiers. Mais quand il s'agit de libéralisation

---

30. David Mulford, *Remarks Before the Asia-Pacific Capital Markets Conference*, San Francisco, 17 novembre 1987.

commerciale, les résultats furent plus mitigés, sauf peut-être dans le cas de la Corée, dont l'excédent commercial avec les États-Unis s'était transformé en déficit dès le début des années quatre-vingt. Néanmoins, même cette évolution ne modifia pas le jugement du représentant américain au Commerce sur la Corée, comme étant « l'un des endroits les plus difficiles au monde pour faire des affaires[31] ». Concernant les pays d'Asie du Sud-Est, même s'ils avaient libéralisé leurs flux de capitaux avec l'étranger et leurs secteurs financiers, ils restaient, selon Washington, hautement protectionnistes quand il s'agissait de commerce, et flirtaient dangereusement, en matière de politique industrielle, avec les « distorsions commerciales », comme le projet automobile national malais, Proton Saga[32], ou le projet indonésien de création d'une industrie aéronautique commerciale.

La libéralisation financière systématique exigée par Washington et les institutions de Bretton Woods, couplée aux taux d'intérêt élevés et au

---

31. Déposition de l'ambassadeur Charlene Barshefsky, représentant américain au Commerce, devant la sous-commission des voies et moyens pour le commerce de la Chambre des représentants. Congrès des États-Unis, 24 février 1998.

32. Automobile malaise coproduite, avec l'aide de l'État malais, par le constructeur malais Proton et le constructeur nippon Mitsubishi. *(N.d.T.)*

régime de taux de change fixe qui avaient la faveur des autorités financières locales, attira des volumes massifs de capitaux étrangers dans la région. Mais cela offrit aussi une porte de sortie par laquelle s'engouffrèrent 100 milliards de dollars en 1997 lors de la panique après l'écroulement causé par le surinvestissement et l'afflux illimité de capitaux, comme l'effondrement du marché immobilier et l'accroissement du déficit de la balance courante.

Une occasion en or de faire avancer le projet américain se présenta avec la crise financière, et Washington n'hésita pas à l'exploiter jusqu'à la garde, poussant ses pions au nom de la réforme vers un marché libre. Chalmers Johnson a déclaré qu'on pouvait raisonnablement défendre le point de vue d'après lequel la conduite opportuniste de Washington lors de la crise financière asiatique reflétait le fait qu'« ayant vaincu les fascistes et les communistes, les États-Unis cherchaient maintenant à vaincre leurs derniers rivaux pour la domination globale : les nations d'Asie de l'Est qui avaient profité de la situation créée par la guerre froide pour s'enrichir[33] ». Un examen minutieux des programmes de stabilisation imposés par le FMI aux pays clés que sont la Corée

33. Chalmers Johnson, *Blowback : The Costs and Consequences of American Empire*, New York, Henry Holt, 2000, p. 206.

du Sud, la Thaïlande et l'Indonésie révèle en effet que l'élimination du protectionnisme et de l'interventionnisme d'État en faisait stratégiquement partie. Ces programmes allaient bien au-delà de la simple stabilisation et des ajustements à court terme, donnant du crédit à l'idée selon laquelle durant les années critiques de 1998 et 1999, les États-Unis n'étaient pas tant intéressés par le rétablissement économique de ces pays que par leur soumission.

En Thaïlande, les autorités locales acceptèrent de supprimer toutes les restrictions à la propriété par des intérêts étrangers de firmes financières thaïes, d'accélérer la privatisation des entreprises publiques et de réviser la législation sur les faillites pour satisfaire les demandes des créanciers étrangers. Comme le déclara le représentant américain au Commerce devant le Congrès, « l'engagement du gouvernement thaï de restructurer les entreprises publiques et d'accélérer la privatisation de certains secteurs clés – parmi lesquels l'énergie, les transports, l'eau, l'électricité et les communications, ce qui va encourager la concurrence et la déréglementation sous l'effet des forces du marché – [devrait] créer de nouvelles opportunités commerciales pour les entreprises américaines[34] ».

---

34. *Ibid.*

En Indonésie, le représentant américain au Commerce souligna que :

> Les conditions posées par le FMI pour accorder une aide massive à la stabilisation visaient des pratiques qui sont depuis longtemps l'objet de la politique commerciale bilatérale de cette administration [Clinton]... Le plus notable à cet égard est l'engagement pris par l'Indonésie d'éliminer les avantages fiscaux, tarifaires et en termes de crédit accordés au projet d'automobile nationale. De plus, le programme du FMI demande une vaste réforme des politiques – commerciales et d'investissement – indonésiennes, comme le projet aéronautique, les monopoles et les pratiques commerciales restrictives favorisant le marché intérieur, qui entravent la compétition en limitant l'accès des biens et services venant de l'étranger[35].

Le projet d'automobile nationale et le plan pour créer une industrie aéronautique qui produirait des avions commerciaux étaient des éléments de politique industrielle qui déclenchèrent la vive désapprobation respectivement de Détroit et de Boeing.

Dans le cas de la Corée, le Trésor américain et le FMI ne cherchèrent pas à dissimuler leur

35. *Ibid.*

étroite collaboration, le Fonds étant clairement en position subordonnée. Sans surprise, les concessions consenties par les Coréens – incluant l'augmentation jusqu'à 55 % de la limite de la participation étrangère dans une entreprise coréenne, l'autorisation d'établissement d'institutions financières étrangères, la libéralisation totale des marchés financiers et des capitaux, l'abolition du système de classification des véhicules, et l'acceptation de l'arrêt des prêts décidés par le gouvernement avec des objectifs de politique industrielle – étaient l'exact décalque de la politique bilatérale américaine vis-à-vis de la Corée avant la crise. Comme le déclara avec candeur le représentant américain au Commerce aux membres du Congrès :

> L'activité économique dirigée par la politique et non par le marché avait pour conséquence que les entreprises américaines se heurtaient en Corée à de nombreuses barrières structurelles spécifiques pour le commerce, les investissements et la concurrence. Par exemple, la Corée imposait des restrictions sur les participations et les opérations étrangères, et avait une liste de limitations d'accès au marché... Le programme de stabilisation coréen, négocié avec le FMI en décembre 1997, devrait aider à ouvrir et étendre la concurrence en Corée en créant une économie davantage dirigée par le marché... [Si] elle

> continue sur la voie de la réforme, il y aura d'importants bénéfices, non seulement pour la Corée, mais aussi pour les États-Unis[36].

Résumant l'objectif stratégique de Washington, Jeff Garten, sous-secrétaire au Commerce durant le premier mandat du président Clinton, déclara: « La plupart de ces pays traversent un tunnel profond et sombre [...]. Mais il débouchera sur une Asie très différente dans les marchés de laquelle les entreprises américaines auront pénétré beaucoup plus profondément, auxquels elles auront un bien meilleur accès[37]. »

Dès 1998, les entreprises financières américaines et transnationales rachetaient des actifs asiatiques, de Séoul à Bangkok, à prix bradés.

Démantèlement du système de développement des Nations unies

Cet assaut sur les NPI via les programmes de stabilisation du FMI et plus généralement sur les pays du Sud via les ajustements structurels imposés par les institutions de Bretton Woods a été accompagné d'un effort important pour émasculer les Nations unies en tant qu'instrument pour la

36. *Ibid.*

37. Cité dans « Worsening Financial Flu Lowers Immunity to US Business », dans *New York Times*, 1er février 1998.

réalisation des plans du Sud. Détenant les cordons de la bourse, les États-Unis, dont la contribution finance quelque 20 à 25 % du budget de l'ONU, firent taire la rhétorique en faveur du NOEI dans toutes les institutions onusiennes clés traitant des rapports Nord-Sud : le Conseil économique et social des Nations unies (dont le sigle anglais est ECOSOC), le Programme pour le développement et l'Assemblée générale. Les pressions des Américains entraînèrent aussi le démantèlement effectif du Centre des Nations unies sur les sociétés transnationales (CNUST), dont le travail de grande qualité de suivi des activités de ces entreprises dans le Sud avait soulevé la colère de ces dernières. Aboli également fut le poste de directeur général pour le développement et la coopération économique internationale, qui « avait été l'un des rares résultats concrets, et certainement le plus notable, des efforts des pays en développement durant les négociations sur le NOEI pour obtenir de la part de l'ONU un soutien plus important au développement et la coopération économique internationale[38] ».

Mais le principal objectif de la contre-offensive du Nord était, sinon de démanteler, du moins de limer les crocs de la CNUCED. Après avoir cédé

38. Nassau Adams, « The UN's Neglected Brief ».

aux exigences du Sud lors des négociations CNUCED IV à Nairobi en 1976, en acceptant la création d'un mécanisme de stabilisation des prix des produits de base, appelé Programme intégré pour les produits de base, le Nord, à une conférence CNUCED suivante[39], refusa le programme du Sud pour l'annulation de la dette et d'autres mesures destinées à relancer les économies du tiers-monde qui auraient ainsi contribué à la reprise globale en période de récession mondiale[40]. L'offensive du Nord se fit encore plus pressante à la conférence CNUCED VIII, à Carthagène, en Colombie, en 1992. À cette réunion qui marqua un tournant, le Nord réussit à empêcher tout lien entre les discussions de la CNUCED et les négociations de l'Uruguay Round du GATT[41] et parvint à réduire les fonctions de négociation de la CNUCED, remettant ainsi en question son existence même[42].

---

39. CNUCED V Manille 1979, VI Belgrade 1983, VII Genève 1989, VIII Carthagène, Colombie, 1992. *(N.d.T.)*

40. South Commission, *The Challenge to the South*, New York, Oxford University Press, 1991, p. 217.

41. General Agreement on Tariffs and Trade (Accord général sur les tarifs douaniers et le commerce): accord multilatéral sur le commerce, signé en 1947, dans la continuation de la BIRD et du FMI créés à la conférence de Bretton Woods en juillet 1944. Uruguay Round: nom donné au cycle de négociations du GATT de 1986 à 1994. *(N.d.T.)*

42. Myriam van der Stichele, « World Trade – Free Trade for Whom, Fair for Whom », dans Childers (édit.), *Challenges to the UN*, p. 69.

Le rôle principal de la CNUCED serait désormais limité à « l'analyse, la construction d'un consensus sur certaines questions liées au commerce et à l'assistance technique[43] ».

L'Organisation mondiale du commerce: le troisième pilier du système

La CNUCED continue à survivre, mais il faut reconnaître qu'elle a été dépouillée de la plupart de ses attributs par l'OMC, créée après la signature de l'Accord de Marrakech, en avril 1994, et met en œuvre les accords conclus au cours des huit années de l'Uruguay Round du GATT. L'OMC est arrivée avec quarante-six ans de retard, bien qu'elle fût tout d'abord considérée par les libéraux internationalistes aux États-Unis et en Grande-Bretagne comme le troisième pilier du système de Bretton Woods, qui ferait pour le commerce ce que le FMI avait fait pour la finance et la Banque mondiale pour la reconstruction économique. Il avait initialement été prévu de créer, en 1948, une organisation commerciale globale, qui se serait appelée l'Organisation internationale du commerce (OIC), mais les forces en

43. « South Decries Move to Close UNCTAD, UNIDO », dans *Third World Resurgence*, n° 56, p. 41.

faveur de l'unilatéralisme au Sénat américain menaçant d'empêcher sa ratification, l'administration Truman sur la défensive lui avait préféré les accords beaucoup moins ambitieux du GATT.

Au milieu des années quatre-vingt, les rivalités commerciales avec l'Europe et le Japon, la pénétration croissante du marché américain par les importations en provenance des pays du tiers-monde, la frustration que les marchandises américaines à l'inverse rencontrent des difficultés à pénétrer les marchés du Sud, et l'essor des nouveaux concurrents qu'étaient les NPI d'Asie de l'Est firent des États-Unis le principal défenseur d'un GATT nettement plus étoffé et disposant de réels moyens de coercition. Au cœur de la création de l'OMC, il y avait la double préoccupation de gérer les rivalités commerciales entre les grands pays industrialisés tout en contenant la menace que faisait peser le Sud sur la structure économique globale.

Dans ce sens, l'OMC doit être vue comme la continuation ou l'extension de la même réaction du Nord qui avait conduit aux ajustements structurels. Sa création renforçant l'hégémonie structurelle du Nord en général, elle servait aussi les intérêts de la première puissance économique. Cela devient clair quand on examine les circonstances dans lesquelles elle a été créée.

Les échanges mondiaux n'ont pas eu besoin de l'OMC pour être multipliés par dix-sept entre 1948 et 1997[44], passant (en dollars courants) de 124 milliards à 10772 milliards de dollars[45]. Cette expansion eut lieu sous le régime flexible de l'Accord général sur les tarifs douaniers et le commerce (GATT). La fondation de l'OMC en 1995 ne correspondait pas à un effondrement ou à une crise des échanges mondiaux comme dans les années trente. Ce n'était pas nécessaire à la paix globale, puisque aucune guerre mondiale ni guerre liée au commerce n'a éclaté durant cette période. Dans les sept guerres importantes entre États qui eurent lieu dans cette période – la guerre de Corée de 1950-1953, la guerre du Vietnam de 1945 à 1975, la crise de Suez de 1956, la guerre israélo-arabe de 1967 et celle de 1973[46], la guerre des Malouines de 1982 et la guerre du Golfe de 1990 –, les conflits commerciaux ne figuraient pas parmi les causes, même éloignées.

Le GATT fonctionnait en fait de manière plutôt satisfaisante en tant que cadre, pour libéraliser le commerce mondial. Son système de

---

44. Croissance annuelle moyenne *en volume* de 6 % par an sur quarante-neuf ans. *(N.d.T.)*

45. Chiffres de l'Organisation mondiale du commerce, *Rapport annuel 1998,* Genève, OMC, 1998, p. 6. http://www.wto.org/french/res_f/booksp_f/anrep_f/anre98_f.pdf

46. Dites guerre des Six jours et guerre du Kippour. *(N.d.T.)*

règlement des différends était flexible. Et sa reconnaissance du « statut différent et spécial » des pays en développement offrait aux pays du tiers-monde la possibilité, au sein de l'économie globale, de mettre leur politique commerciale au service du développement et de l'industrialisation.

Pourquoi a-t-on créé l'OMC à la suite de l'Uruguay Round de 1986-1994 ? Parmi les puissances commerciales importantes, le Japon était très ambivalent, car il était soucieux de protéger son agriculture mais également son système de production industrielle particulier, qui, au travers de mécanismes formels et informels, donnait la priorité aux producteurs locaux sur son marché intérieur. L'Union européenne (UE), déjà bien avancée pour devenir un bloc d'échange autosuffisant, était elle aussi ambivalente, sachant que son système de fortes subventions au secteur agricole allait faire l'objet d'attaques. Bien que réclamant pour leurs produits manufacturés et agricoles un meilleur accès aux marchés des économies du Nord, les pays en développement ne pensaient pas que cela serait facilité par un vaste accord-cadre soutenu par une puissante bureaucratie commerciale, mais plutôt par des négociations et accords discrets sur le modèle du Programme intégré pour les produits de base (PIPB) et du fonds de stabilisation des produits de base établi sous l'égide de la Conférence des Nations unies sur le commerce et le développement (CNUCED) à la fin des années soixante-dix.

La création de l'OMC servait avant tout les intérêts des États-Unis. De même que ce furent les États-Unis qui bloquèrent la création de l'Organisation internationale du commerce (OIC) en 1948, quand ils jugèrent qu'elle ne renforcerait pas leur position économique archidominante dans le monde de l'après-guerre. Ce furent encore eux qui devinrent les principaux lobbyistes en faveur du vaste Uruguay Round et de la création de l'OMC à la fin des années quatre-vingt et au début des années quatre-vingt-dix, lorsqu'ils sentirent que la nouvelle donne concurrentielle globale avait créé une situation où les intérêts de ses grandes entreprises demandaient maintenant un changement d'attitude.

Comme ils l'avaient fait pour le GATT, les États-Unis ont menacé de quitter l'OMC s'ils n'obtenaient pas des aménagements aux règles libérales. Ils avaient imposé des mécanismes de protection de leurs produits laitiers et leurs autres produits agricoles qui avaient entraîné l'aménagement d'exemptions agricoles dans les accords du GATT. C'est encore sous leur pression que l'agriculture fit l'objet d'un traitement à part lors de la création de l'OMC en

1995. Et les raisons du changement d'état d'esprit de Washington ont été expliquées avec ingénuité par le secrétaire américain à l'Agriculture de l'époque, John Block, au début des négociations de l'Uruguay Round en 1986 : « [L']idée que les pays en développement devraient pouvoir se nourrir eux-mêmes est un anachronisme. Ils garantiraient mieux leur sécurité alimentaire en ayant recours aux produits agricoles américains, qui sont dans la plupart des cas bien meilleur marché[47]. » Washington n'avait bien sûr pas seulement à l'esprit les pays en développement mais aussi le Japon, la Corée du Sud et l'UE.

Les États-Unis poussèrent dans leur sens les compétences de l'OMC, afin qu'elles englobent aussi les services, estimant que dans le secteur en plein essor des services internationaux, en particulier des services financiers, les entreprises américaines étaient dominantes mais devraient défendre leur première place. Ce sont encore les États-Unis qui exigèrent que soient inclus dans l'OMC ce que l'on appelle les « Mesures concernant les investissements et liées au commerce » (MIC) et les « Aspects des droits de

---

47. Cité dans « Cakes and Caviar ? The Dunkel Draft and Third World Agriculture », dans *The Ecologist*, vol. 23, n° 6, novembre-décembre 1993, p. 220.

propriété intellectuelle qui touchent au commerce » (ADPIC). Les MIC cherchaient à éliminer les barrières dans les systèmes d'achat et de vente de produits entre filiales, au sein d'une même multinationale, qui leur faisaient néanmoins traverser des frontières – barrières mises en place par les pays en développement afin d'aider leur propre industrie. Les ADPIC, quant à eux, cherchaient à consolider la position américaine dominante dans les industries de pointe à forte intensité de connaissance.

Ce sont les États-Unis qui exigèrent la création à l'OMC du formidable organe de règlement des différends et d'application des décisions, après avoir été frustrés par ce que les hauts responsables américains au commerce considéraient comme les médiocres efforts du GATT pour faire appliquer des règlements favorables aux Américains. Comme l'éminent universitaire spécialiste du commerce, à Washington, C. Fred Bergsten, chef du Peterson Institute of International Economics[48], l'a déclaré au Sénat américain, le puissant mécanisme de règlement des différends sert les intérêts des États-Unis car « nous pouvons maintenant utiliser tout le poids de la machine mise en place par la communauté

48. *Think tank* privé, non partisan, créé en 1981 à Washington pour étudier la politique économique internationale. *(N.d.T.)*

internationale pour nous attaquer aux barrières commerciales, les réduire, et les éliminer[49] ».

En somme, ce sont les variations de perception par Washington des besoins de ses groupes d'intérêt économique qui ont modelé et remodelé le régime commercial international. L'OMC n'est pas née en 1995 d'un besoin global. C'était le jugement par les États-Unis que les intérêts de ses grandes entreprises n'étaient plus servis de manière satisfaisante par le flexible GATT, mais nécessitaient une nouvelle organisation commerciale mondiale toute puissante et aux vastes contours. Depuis le paradigme du libre-marché qui la sous-tend, aux lois et règlements établis dans les différents accords formant l'Uruguay Round, jusqu'à son système de prise de décision et de responsabilité, l'OMC était vue même par de nombreux Européens et Japonais comme un plan pour maintenir l'hégémonie globale de l'Amérique des grandes entreprises. Ce plan cherchait à institutionnaliser les avantages dont jouissaient ces dernières.

---

49. C. Fred Bergsten, directeur, Peterson Institute of International Economics, déposition devant le Sénat américain, Washington, DC, 13 octobre 1994.

Le Groupe des Sept : un directoire international ?

Les institutions de Bretton Woods et le GATT-OMC offraient une structure complète de contrôle multilatéral sur l'économie globale par les pays riches sous la houlette des États-Unis. Mais la création du « consensus » parmi les puissances dominantes était une fonction qui n'était pas remplie de façon adéquate par les trois institutions, où les représentants nationaux les plus élevés étaient des personnes de rang bien inférieur à un ministre dans leurs bureaucraties nationales respectives. C'était le besoin d'une institution centrale qui permette aux grandes puissances de parvenir à un large accord stratégique et politique qui entraîna la création de l'institution connue sous le nom de Groupe des Sept (G7). Démarré durant un sommet plutôt petit des principales économies développées de la planète à Rambouillet, en France, en 1975, le G7 – maintenant le G8[50], avec l'adjonction de la Russie postsoviétique – a évolué vers ce qu'un rapport a décrit comme « le plus près que le monde se soit

50. En 1975 a été initialement crée le G6, formé par les États-Unis, le Japon, le Royaume-Uni, l'Allemagne, la France et l'Italie. Le Canada l'a rejoint en 1976 pour former le G7. Le G8 résulte de l'adjonction de la Russie en 1998. Enfin, depuis 2008 existe le G20, composé des pays du G8 et onze autres, plus l'Union européenne dans son ensemble. *(N.d.T.)*

jamais approché d'une instance suprême en charge de l'économie globale[51] ».

Le sommet annuel était le point culminant de l'organisation du G7, et l'événement est devenu au fil des années une affaire hautement élaborée à laquelle se rendent des délégations gouvernementales de plusieurs milliers de personnes[52]. Tandis que le sommet des chefs d'État attirait le plus l'attention des médias, en terme d'élaboration de stratégies communes, la réunion des ministres des Finances qui le précédait de quelques jours était peut-être aussi importante. À part ces deux sessions, il y avait « une tranquille coordination bureaucratique tout au long de l'année[53] ».

Durant ses premières années, le G8 devint essentiellement un forum pour discuter et plus ou moins coordonner les politiques macroéconomiques des pays riches, afin de garder une croissance stable, évitant le Charybde d'une forte inflation autant que le Scylla d'une profonde récession. De nombreux succès lui ont été attribués dans la poursuite de cet objectif: il a

---

51. Commission on Global Governance, *Our Global Neighborhood*, Oxford, Oxford University Press, 1995, p. 154.

52. *Financial Times*, 23 juillet 2001.

53. Mahbub ul Haq, « The Case for an Economic Security Council », dans Albert Paolini et al., *Between Sovereignty and Global Governance*, New York, St. Martins Press, 1998, p. 230.

empêché le krach boursier de 1987 de déclencher une déflation globale en coordonnant les politiques monétaires des pays avancés[54].

Cependant, même au sommet de sa gloire, le G7 a été critiqué pour avoir eu peu à offrir aux pays en développement. Comme l'a dit un commentateur :

> Les questions que traite normalement le G7 font partie d'un ensemble étroit de gestion macroéconomique, en particulier dans les domaines monétaires et financiers. Il ne traite pas de questions ni ne prend de décisions importantes concernant les problèmes les plus urgents auxquels est confrontée la communauté globale : par exemple, la croissance de la population, la dégradation de l'environnement, le trafic de stupéfiants, les flux de réfugiés, la sécurité alimentaire, la survie infantile, l'autonomisation des femmes, le développement humain[55].

Ce sont surtout le caractère exclusif et la non-représentativité criants du G7 qui ont été l'objet des critiques les plus sévères, même de la part de libéraux. Comme l'a dit la Commission sur la gouvernance globale, le G7

54. Commission on Global Governance, p. 154.
55. Mahbub ul Haq.

ne représente que 12 % de la population mondiale. En excluant la Chine et l'Inde, il ne peut même plus prétendre représenter les principales économies de la planète. Les questions de développement touchant la plus grande partie de l'humanité ne sont pas prioritaires dans son programme. Dans quelques décennies, cela paraîtra totalement anachronique que les pays qui ne faisaient pas partie de l'OCDE mais représentaient une part importante et croissante de l'économie mondiale ne fussent pas représentés dans la principale institution traitant des questions économiques internationales[56].

56. Commission on Global Governance.

3

Comment les institutions multilatérales contournent la démocratie

SI LES PAYS en développement ont été désavantagés par les politiques des institutions de Bretton Woods et l'Organisation mondiale du commerce, c'est en grande partie car ils ont été marginalisés dans les processus formels de décision de ces institutions. Une analyse de la gouvernance économique globale ne serait pas complète sans une discussion de ces structures, ne serait-ce que pour montrer ce que la gouvernance économique globale ne doit pas être.

La Banque mondiale

Au début des années quatre-vingt, un rapport du département du Trésor américain exposait clairement la domination exercée par les États-Unis, en particulier à la Banque mondiale :

> Les États-Unis ont largement participé à l'architecture et à la définition de la mission de la Banque mondiale selon les principes occidentaux de libre-marché. [...] Nous sommes aussi responsables [...] de l'apparition d'une organisation fonctionnant au scrutin proportionnel, supervisée par un conseil d'administration, gérée par un management de haut niveau dominé par des Américains et par du personnel administratif très qualifié. En tant que membre fondateur et principal actionnaire de la Banque mondiale, les États-Unis ont droit à l'unique siège permanent au conseil d'administration de la Banque[1].

Le pouvoir formel de décision est fondé sur la taille de la participation au capital. Bien que très inférieurs aux 42 % de droits de vote qu'ils avaient lors de la fondation de la banque en 1946, les 17,6 % que détiennent encore les États-Unis restent au-dessus du seuil de 15 % nécessaire pour un droit de veto sur les décisions de prêt les plus importantes. Les États-Unis ont jalousement

1. US Treasury Department, *Assessment of US Participation in the Multilateral Development Banks in the 1980s*, Washington, DC, US Treasury Dept., 1982, ch. 3, p. 1.

préservé leurs prérogatives d'actionnaire principal. Malgré les pressions exercées par le Japon pour obtenir une part plus grande, les États-Unis ont réussi à limiter sa participation au capital et ses droits de vote à 8 %.

Ce pouvoir est accompagné de mécanismes informels. Par « tradition », le président de la Banque est toujours un citoyen américain nommé par le gouvernement des États-Unis. Par ailleurs, le fait que le siège de la Banque se trouve à Washington donne au département du Trésor américain un accès facile à la Banque, et par conséquent les citoyens américains y représentent un quart des hauts responsables et du personnel administratif de haut niveau[2].

Grâce aux mécanismes formels et informels, « les autres acteurs importants – le management, les principaux contributeurs, et les principaux emprunteurs – ont reconnu les États-Unis comme une voix importante au sein des banques [de développement multilatéral]. Ils savent d'expérience que nous sommes capables et disposés à poursuivre d'importants objectifs politiques dans les banques en jouant des leviers

2. Richard Feinberg, « An Open Letter to the World Bank's New President », dans Richard Feinberg et al. (édits.), *Between Two Worlds: The World Bank's Next Decade*, New Brunswick, New Jersey, Transaction Books, 1986, p. 2.

financiers et politiques à notre disposition[3]. » Dans une étude des quatorze questions les plus sensibles qui sont l'objet de débat à la Banque – allant du blocage du statut d'observateur de l'Organisation de libération de la Palestine (OLP) à l'arrêt de l'aide fournie par la banque au Vietnam et à l'Afghanistan –, les États-Unis ont été capables d'imposer leur choix dans douze cas[4].

La Banque mondiale a été un instrument important de la politique globale américaine, aux yeux du département du Trésor. En effet, « ni l'assistance bilatérale ni les capitaux du secteur privé, quand ils sont disponibles, ne sont aussi efficaces pour influencer les pays moins développés que les banques de développement multilatérales[5]. » Comme l'explique une analyse du service de recherche du Congrès, l'avantage de la Banque mondiale et des banques de développement multilatérales, du point de vue des États-Unis, est qu'elles « remplissent la tâche difficile d'exiger des emprunteurs de satisfaire des critères de performance standard, une tâche que les États-Unis et les autres prêteurs répugnent à imposer dans un cadre

3. US Treasury Departement, *Assessment of US Participation etc.*, Ch. 3, p. 2.
4. *Ibid.*, Ch. 3.
5. *Ibid.*, Ch. 2, p. 18.

bilatéral[6] ». Un exemple était cité par l'ancien sous-secrétaire au Trésor, Peter McPherson, qui observa concernant les Philippines : « Nous n'avons pas obtenu beaucoup de succès par nous-mêmes, en essayant de mettre en place une politique de réformes aux Philippines. C'est une question neutre, en quelque sorte. Mais la Banque mondiale, elle, a remarquablement réussi à négocier d'importants changements politiques, que nous soutenons vigoureusement[7]. »

Le Fonds monétaire international

Les économies développées dominent le Fonds monétaire international (FMI) autant qu'elles dominent la Banque mondiale. Les cinq plus grands pays disposent de 45,47 % des droits de vote au conseil d'administration, les États-Unis étant les premiers avec 19 %. Étant donné que les autres pays riches détiennent 21,42 % des votes, les pays en développement, en tant que groupe, ont le pouvoir de bloquer les décisions requérant

6. Congressional Research Service, *The United States and the Multilateral Development Banks*, Washington, DC, US Government Printing Office, 1974, p. 5.

7. Cité dans Walden Bello, « The role of the World Bank in US Foreign Policy », *Covert Action Information Quarterly*, n° 5, automne 1990, p. 22.

la majorité. En réponse à la demande des pays en développement d'avoir plus de voix au chapitre dans le processus de décision, les pays développés firent voter le second amendement aux articles du traité fondateur. Il détaille les cinquante-trois types de décisions différentes requérant une supermajorité de 70 à 85 % pour être votées, ce qui signifie que des sous-groupes « de pays développés ont la possibilité de bloquer des décisions requérant des majorités de 70 à 85 %[8] ».

Le poids particulier des États-Unis a été soigneusement protégé à travers la création de nouvelles règles – un processus détaillé dans un article important de Richard Leaver et Leonard Seabrooke. Au début des années soixante-dix, le pourcentage des droits de vote des États-Unis n'était plus de 30 % mais approchait rapidement du seuil des 20 %, protégeant les « décisions spéciales ». Le Japon et d'autres pays cependant cherchaient à obtenir des changements dans la répartition des droits de vote afin de refléter leur poids plus important dans l'économie mondiale. Quelque chose que « Washington ne pouvait tolérer ».

---

8. Joseph Gold, cité dans Mark Zacher, « Redesigning the International Financial Architecture: Voting Power and Power Sharing in the IMF ». Article présenté à la conférence sur l'architecture financière internationale, Center for Global Studies, Université de Victoria, Colombie britannique, 29-30 août 2001. http://www.reformwatch.net/fitxers/72.pdf pp. 119-131.

> [Washington] s'opposa fermement à une révision des quotas au Fonds, conduisant à l'annulation du projet. Mais à la fin, on parvint à un accord avec le Japon et les Européens. Les droits de vote des États-Unis étaient effectivement réduits à 19 %, mais la supermajorité requise pour les « décisions spéciales » était relevée à 85 %. Ce double mouvement extraordinaire fournit un précédent pour un accord comparable au sein de la Banque mondiale une décennie plus tard, et fixait ainsi un des paramètres principaux de la répartition du pouvoir politique à la tête du Fonds durant la période de la crise de la dette latino-américaine et asiatique[9].

La démocratie est desservie également par le fonctionnement extrêmement opaque du Fonds. Bien que les membres, sur le papier, disposent de droits de vote, un vote formel, que ce soit par le comité exécutif ou par le conseil des gouverneurs, est « une chose relativement rare[10] ». Le directeur exécutif américain, durant la plus grande partie de l'administration Clinton par exemple, a révélé que le comité exécutif avait voté en réalité sur

---

9. Richard Leaver et Leonard Seabrooke, « Can the IMF be Reformed ? », dans Walden Bello et al. (édits.), *Global Finance*, Londres, Zed Books, 2000, p. 102.

10. Zamora, cité dans Zacher, p. 126.

approximativement une douzaine de décisions parmi deux mille, pendant son mandat. La plupart des décisions sont au contraire prises dans une sorte de consensus.

Comme Ngaire Wood l'a fait observer, le consensus tel qu'il est pratiqué par le Fonds a des implications non démocratiques. Il sert d'une part à dissimuler les relations inégales de pouvoir, qui apparaîtraient au grand jour si on procédait à un vote formel, puisque « les votes formels dévoilent les forces sous-jacentes que tous les participants peuvent alors voir[11] ». D'autre part, les « États et organisations non gouvernementales, qui ne sont pas présents durant les discussions, ont beaucoup de difficultés pour récolter des bribes d'information, au détriment là encore de la transparence et de la responsabilité[12]. »

Même si le Fonds est par tradition dirigé par un Européen, il montre une extraordinaire soumission au département du Trésor américain. Lors des opérations de renflouement financier du Mexique en 1994-1995 et des pays d'Asie du Sud-Est en 1997, le directeur exécutif du FMI, Michel Camdessus, était largement considéré comme un pion du secrétaire au Trésor Robert Rubin et de son proche assistant Larry Summers, poussant le

11. Ngaire Wood, cité dans Zacher, p. 127.
12. *Ibid.*, p. 126.

New York Times à parler du Fonds comme d'un « proxy des États-Unis[13] ».

Les fonctions spéciales que remplissait le Fonds pour Washington ont poussé ce dernier à opposer son veto à la création d'un Fonds monétaire asiatique (FMA), proposée par le Japon lors de la réunion FMI-Banque mondiale à Hong Kong en septembre 1997. Comme l'explique l'analyste Eric Altbach, le refus véhément de Washington vient du contrôle croissant par le Congrès du pouvoir du président d'allouer des fonds bilatéraux américains aux projets internationaux. Il a rendu les États-Unis « plus dépendants de leur pouvoir au sein du FMI pour exercer une influence sur les affaires financières asiatiques. Dans ce contexte, un Fonds monétaire asiatique dans lequel le Japon aurait été un acteur majeur aurait affaibli le rôle des États-Unis dans la région[14-15] ».

---

13. Cité dans « 20 Questions on the IMF », dans *Multinational Monitor*, avril 2000, p. 23.

14. Eric Altbach, « The Asian Monetary Fund Proposal : A Case Study of Japanese Regional Leadership », *Japanese Economic Institute Report*, n° 477A, 1997, pp. 8-9.

15. Le Japon souhaitait apporter 100 milliards de dollars à ce nouveau fonds, ce qui aurait aussi été une façon élégante de transformer des créances en dollars commençant à être douteuses, à cause de la devise elle-même, en nouvelle monnaie sur le modèle des DTS du FMI. *(N.d.T.)*

L'Organisation mondiale du commerce

L'une des raisons principales de l'effondrement de la conférence ministérielle de l'Organisation mondiale du commerce à Seattle en décembre 1999 était l'absence de transparence du processus de décision. On raconte que des ministres de pays en développement se plaignaient d'être perdus dans le Centre de conférences de Seattle, ne trouvant pas la « Green Room », où les décisions clés auraient été prises. Ils ignoraient que la Green Room ne faisait pas référence à un réel auditorium du centre de conférence mais à un processus exclusif de prise de décision.

Pendant le processus de ratification de l'OMC en 1994, les partisans de la nouvelle organisation du commerce la décrivaient comme fondée sur le principe « un pays un vote » où les États-Unis auraient effectivement le même vote que le Rwanda. En réalité, l'OMC n'est pas gouvernée démocratiquement selon la règle « un pays un vote », comme l'est l'Assemblée générale de l'ONU, ou par un scrutin pondéré comme la Banque mondiale ou le FMI. Alors que d'après ses statuts, l'organisation devrait fonctionner selon la règle « un pays un vote », à l'OMC, le « consensus » est le mécanisme dominant. C'est une pratique héritée du GATT, où la dernière fois qu'un vote avait eu lieu était en 1959.

Le consensus, dans la pratique, est un processus par lequel les pays dont les échanges sont importants imposent leurs choix aux pays moins puissants. Comme C. Fred Bergsten, un partisan notoire de la globalisation, directeur du Peterson Institute of International Economics, l'a déclaré lors des auditions du Sénat sur la ratification des accords GATT-OMC en 1994, l'OMC « ne fonctionne pas par votes. Elle fonctionne par un système de consensus qui, à la vérité, est géré par quatre acteurs – les "Quads": les États-Unis, le Japon, l'Union européenne et le Canada... Ces pays doivent se mettre d'accord entre eux pour qu'une décision importante puisse être prise. Mais pas de votes[16]. »

Bien que le Conseil des ministres et le Conseil général soient théoriquement les instances supérieures de prise de décision à l'OMC, on parvient aux décisions non pas dans des assemblées plénières formelles, mais dans des sessions secrètes sans transparence qu'on appelle la « Green Room », d'après la couleur du bureau du directeur général au siège de l'OMC à Genève. Avec une surprenante franchise, lors d'une conférence de presse à Seattle, peu après l'effondrement de la Conférence ministérielle, le représentant

16. Déposition devant le Comité sénatorial sur le commerce, la science et la technologie, Washington, DC, 13 octobre 1994.

américain au Commerce, Charlene Barshefsky, a décrit le fonctionnement et les conséquences de la Green Room :

> Le processus, y compris à Singapour il y a à peine trois ans, se déroulait plutôt en petit comité. Toutes les réunions se tenaient entre les vingt ou trente pays les plus importants [...]. Et cela signifiait que cent pays n'étaient jamais dans la salle. [...] Cela conduisait à un extraordinaire ressentiment de la part de ceux qui étaient exclus du processus. Et cela avait aussi pour conséquence que les résultats, même à Singapour, leur étaient dictés par les vingt ou trente pays qui étaient dans la salle[17].

Barshefsky reconnut que « la taille de l'OMC était maintenant trop grande par rapport à un processus adapté à des temps plus anciens. Une opinion croissante et nécessaire, généralement partagée entre les membres, est que nous avons besoin d'un processus plus transparent et faisant participer plus de monde pour tenir compte d'un ensemble de membres plus nombreux et plus varié ». Parallèlement, le ministre des Affaires étrangères du Royaume-Uni, Stephen Byers, soutenait le point de vue que « l'OMC ne pourra

17. Conférence de presse, Seattle, 2 décembre, 1999.

pas continuer dans sa forme actuelle. Il faut un changement fondamental et radical afin de satisfaire les besoins et aspirations de tous ses 134 membres[18]. »

Acceptées auparavant comme inévitables par de nombreux gouvernements et populations du Sud, à la fin du XXe siècle, les structures de prises de décision des institutions multilatérales étaient dépourvues de légitimité démocratique. Cela n'était plus durable.

18. Cité dans « Deadline Set for WTO Reforms », dans *Guardian News Service*, 10 janvier 2000.

4

La crise de légitimité

AU MILIEU des années quatre-vingt-dix, avec la fondation de l'OMC, le néolibéralisme, ou en termes plus pompeux le « Consensus de Washington », semblait recueillir l'assentiment général. Comme le fit plus tard remarquer l'un de ses partisans les plus notables avec des accents nostalgiques, « le Consensus de Washington semblait jouir d'une approbation quasi universelle et offrait en toile de fond une idéologie et un consensus intellectuel pour l'économie mondiale, ce qui était tout à fait nouveau dans l'histoire moderne[1] ». Moins de cinq ans plus tard, le consensus était en lambeaux et les institutions clés

1. C. Fred Bergsten, « The Backlash Against Globalization », Discours à la réunion de l'an 2000 de la Commission multilatérale tripartite.

de la gouvernance globale à sa base subissaient une sévère crise de légitimité.

Le Stalingrad du FMI

Si un événement a contribué à saper le FMI, c'est la crise financière asiatique, dont l'héritage en termes de systèmes financiers détruits, d'entreprises en faillite et d'accroissement de la pauvreté et des inégalités continue à hanter la région. On peut dire que cette crise a été le Stalingrad du FMI. En gardant à l'esprit les limites de la métaphore, le FMI s'est comporté durant cette crise comme la sixième armée allemande, prenant mauvaise décision sur mauvaise décision et courant vers le désastre.

C'est le FMI qui a contribué à déclencher l'arrivée massive de capitaux dans la région, pressant les gouvernements asiatiques de libéraliser les mouvements de leur compte financier avant la crise, lui-même poussé par le département américain du Trésor. Après la fuite éperdue des capitaux spéculatifs, c'est le FMI qui est arrivé, confiant, avec ses recettes de politique fiscale et monétaire rigoureuses, lesquelles, en réduisant considérablement la marge de manœuvre des gouvernements pour contrer le ralentissement de l'activité du secteur privé, ont transformé la crise financière en effondrement économique.

C'est le FMI qui a mis en place les programmes de sauvetage financier se chiffrant en milliards de dollars, ayant pour but de protéger les créanciers étrangers, alors même qu'il disait aux banques, aux institutions financières et aux entreprises locales de serrer les dents et d'accepter la faillite. C'est le FMI qui a imposé aux économies à genoux un programme de déréglementation radicale et de libéralisation financière et commerciale, qui était essentiellement le même plan de Washington d'avant la crise et que les tigres avaient su éviter durant leur période de prospérité. Et c'est le FMI qui, à la demande expresse du département américain du Trésor, a sabordé la proposition d'un Fonds monétaire asiatique (FMA), qui aurait collecté les réserves des économies en meilleure santé financière et aurait servi de fonds dans lequel les pays, sous le feu d'attaques spéculatives, auraient pu puiser de quoi protéger le taux de change de leurs devises[2].

2. Par exemple, si des investisseurs étrangers bradent leurs opérations immobilières non rentables en Thaïlande et cherchent à échanger les bahts qu'ils en retirent contre des dollars (ce qu'on nomme « la fuite des capitaux »), le gouvernement thaï peut racheter ces bahts afin d'éviter la décote de sa devise. Mais il faut pour cela qu'il ait des dollars. Il peut les obtenir en exportant ou en les empruntant auprès de prêteurs. Le FMA aurait eu cette fonction, sans les rigueurs du FMI espéraient ses partisans. *(N.d.T.)*

Tandis que les économies frappées par la crise enregistraient en 1998 des croissances négatives et des taux de chômage record, et qu'un million de gens en Thaïlande et 21 millions en Indonésie étaient précipités sous le seuil de pauvreté, le FMI se rallia sans surprise aux gouvernements corrompus, aux banques et à George Soros, c'est-à-dire aux « vilains de la pièce » aux yeux de millions de nouveaux pauvres coréens, thaïs et indonésiens.

Mais tout aussi significatif pour son avenir en tant qu'institution, les décisions du FMI amenèrent la controverse sur son rôle, qui couvait depuis longtemps au sein de l'élite américaine, au point d'ébullition. La droite américaine accusa le Fonds d'encourager l'aléa moral[3], avec des personnalités comme l'ancien secrétaire au Trésor, George Shultz[4], appelant à son abolition, tandis que des libéraux orthodoxes comme Jeffrey Sachs ou Jagdish Bhagwati dénonçaient le Fonds comme une menace pour la stabilité et la

3. En économie, l'aléa moral est le risque encouru par des prêteurs à des gens qui savent qu'ils n'auront pas à subir les conséquences négatives éventuelles de leurs actes, par exemple à des emprunteurs peu solvables, dont les dettes seraient effacées s'ils venaient à ne plus pouvoir rembourser. *(N.d.T.)*

4. Secrétaire au Trésor du président Nixon de 1972 à 1974; plus tard, ministre des Affaires étrangères de Ronald Reagan de 1982 à 1989. *(N.d.T.)*

prospérité macroéconomiques globales. À la fin de 1998, une alliance entre conservateurs et libéraux au Congrès américain fut à un cheveu de refuser au FMI une augmentation de 14,5 milliards de dollars de la participation des États-Unis. Elle fut sauvée par un bras de fer de l'administration Clinton, mais il était clair que le consensus internationaliste au sein de l'élite américaine, qui pendant plus de cinq décennies avait soutenu le Fonds, s'effilochait.

Quand le passé nous rattrape

Le comportement du Fonds lors de la crise financière asiatique provoqua un examen rétrospectif du rôle qu'il avait joué dans le tiers-monde dans les années quatre-vingt et au début des années quatre-vingt-dix, quand des programmes d'ajustement structurel étaient imposés à plus de quatre-vingt-dix économies en développement ou en transition.

Évalués selon le strict critère de l'aide à la croissance, les programmes d'ajustement structurel étaient un échec, un grand nombre d'études montrant que l'ajustement avait eu un effet négatif sur la croissance. Après plus de quinze années, il était difficile de citer plus d'une poignée de pays parvenus à une croissance stable, parmi lesquels le Chili de Pinochet. Les ajustements structurels ont surtout institutionnalisé la stagnation en Afrique, en Amérique latine et dans d'autres parties du tiers-monde. Une étude du Center for Economic and Policy Research montre que 77 % des pays sur lesquels on dispose de données ont vu la croissance de leur revenu par tête d'habitant baisser considérablement entre les périodes 1960-1980 et 1980-2000, c'est-à-dire les années d'ajustement. En Amérique latine, le revenu *per capita* avait augmenté de 75 % au cours des années soixante et soixante-dix, quand les économies de la région étaient relativement fermées, mais ne s'est accru que de 6 % durant les vingt années suivantes[5]. Les revenus moyens en Afrique subsaharienne et dans l'ancien bloc de l'Est ont même diminué[6].

Si l'on élargit les critères de succès à la réduction des inégalités et de la pauvreté, les résultats sont également sans ambiguïté : les ajustements structurels ont été un fléau pour le tiers-monde. Une étude proposée par Mattias Lundberg et Lyn Squire, de la Banque mondiale, le résumait ainsi : « Les pauvres sont beaucoup plus vulnérables aux fluctuations des prix

---

5. « Global Capitalism : Can It be Made to Work Better ? », dans *Business Week*, 6 novembre 2000, pp. 42-43.

6. *Ibid.*

internationaux relatifs, et cette vulnérabilité est amplifiée par l'ouverture du pays au commerce [...]. Au moins à court terme, il apparaît que la globalisation aggrave aussi bien la pauvreté que les inégalités[7]. » Le nombre de personnes globalement vivant dans la pauvreté – c'est-à-dire avec moins d'un dollar par jour[8] – est passé de 1,1 milliard en 1985 à 1,2 milliard en 1998, et allait atteindre 1,3 milliard en 2000. D'après une récente étude de la Banque mondiale, le nombre absolu de gens vivant dans la pauvreté a augmenté dans les années quatre-vingt-dix en Europe de l'Est, en Asie du Sud, en Amérique latine et Caraïbes, et en Afrique subsaharienne – toutes les régions qui ont subi les programmes d'ajustement structurel.

Après un examen attentif par le public de sa politique désastreuse en Asie de l'Est, le Fonds ne pouvait plus dissimuler le gigantesque échec de ses ajustements en Afrique, en Amérique latine et en Asie du Sud. Lors des réunions entre la Banque mondiale et le FMI en septembre 1999, le Fonds

---

7. Cité dans Walden Bello, « Washington's Political Transition Threatens Bretton Woods Twins' », dans *The Future in the Balance*, Oakland, California, Food First, 2001, p. 238.

8. Chiffre dont la représentativité est l'objet de débats. Obtenu en divisant le PNB annuel du pays – mesuré en dollar – par sa population et par 365, il doit être mis en regard du coût de la vie dans le pays. *(N.d.T.)*

admit son échec en rebaptisant la Facilité d'ajustement structurel renforcée (FASR), « Facilité pour la réduction de la pauvreté et la croissance » (FRPC)[9], et promit d'apprendre de la Banque mondiale comment faire de l'élimination de la pauvreté la « pièce maîtresse » de ses programmes. Mais c'était trop peu, trop tard et inconcevable. Il n'y avait plus, à Washington, à la fin de l'administration Clinton, que le Trésor américain pour soutenir encore le FMI.

Meltzer et la Banque mondiale

Depuis sa prise de fonctions en 1996, l'Australien devenu américain James Wolfensohn, en ouvrant des canaux de communication avec des Organisations non gouvernementales (ONG) et à l'aide d'une machine de relations publiques bien huilée, a essayé de transformer l'image de la Banque en une institution qui, non seulement avait pris ses distances avec les ajustements structurels, mais faisait aussi de l'élimination de la pauvreté sa mission centrale, encourageant la bonne gouvernance, et soutenant les prêts

9. Elle-même rebaptisée en 2010 « Facilité élargie de crédit » (FEC). *(N.d.T.)*

respectueux de l'environnement. La meilleure défense, en somme, était de développer les activités de l'institution.

Le rapport de la Commission Meltzer atteignit sa cible en février 2000. Ayant examiné quantité de documents et interviewé toutes sortes d'experts, la Commission parvint à un grand nombre de conclusions dévastatrices qui méritent d'être rappelées : 70 % des prêts non subventionnés de la Banque sont concentrés dans onze pays, les cent quarante-cinq autres membres se disputant les 30 % restants ; 80 % des ressources de la Banque sont consacrés non pas aux pays en développement les plus pauvres mais à ceux en bonne santé économique, jouissant d'un bon crédit, qui peuvent donc, d'après la Commission, lever leurs fonds sur les marchés internationaux des capitaux ; le taux d'échec des projets de la banque est de 65 à 70 % dans les pays les plus pauvres et de 55 à 60 % dans l'ensemble des pays en développement. Bref, à l'aune de sa mission autoproclamée d'atténuer la pauvreté globale, la Banque ne servait à rien[10].

Mais que faire de la Banque ? La Commission recommandait le transfert de la plupart des

10. International Financial Institutions Advisory Commission, *Rapport*, Washington, DC, Congrès américain, 2000.

activités de prêt vers les banques de développement régional. Les lecteurs du rapport ne mettaient pas longtemps à comprendre que la Commission, comme l'a admis l'un de ses membres, « voulait essentiellement abolir le Fonds monétaire international et la Banque mondiale », un objectif qui bénéficiait « d'importantes poches de soutien [...] dans notre Congrès[11] ».

Au grand dam de Wolfensohn, peu de gens prirent la défense de la Banque. Au contraire, la nature réelle de la mission étendue de la Banque fut exposée au vu et au su de tous durant les mois qui précédèrent la réunion Banque mondiale-FMI de Prague en septembre 2000[12]. L'affirmation selon laquelle la Banque était très soucieuse d'une « bonne gouvernance » était contredite par ses liens profonds avec le régime Suharto en Indonésie, auquel elle avait prêté plus de 30 milliards de dollars en trente ans. D'après plusieurs rapports, y compris un document interne de la Banque mondiale établi en 1999, la Banque tolérait la corruption, acceptait les statistiques gouvernementales faussées, légitimait la dictature en la faisant

11. C. Fred Bergsten, « The Backlash... » (voir la première note du chapitre).

12. Ces faits et données statistiques proviennent de sources diverses et ont été rassemblés dans Walden Bello, « Hard Answers Please, Mr. Wolfensohn and Mr. Köhler ». Discours prononcé lors du débat au château de Prague, 23 septembre 2000.

passer pour modèle auprès d'autres pays, et faisait preuve de complaisance sur la situation des droits de l'homme et le contrôle monopolistique de l'économie. Que cette relation intime avec le régime Suharto ait continué encore longtemps durant l'ère Wolfensohn fut particulièrement accablant.

Durant le mandat de Wolfensohn, l'image d'une Banque nouvelle, soucieuse de l'environnement, s'évanouit sous l'avalanche de critiques qui suivirent le Rapport Meltzer. La Banque était un ardent défenseur du projet controversé de pipeline entre le Tchad et le Cameroun, qui allait sérieusement endommager des régions écologiquement fragiles comme la forêt littorale atlantique camerounaise. Le management de la Banque fut pris en flagrant délit de violation de ses propres règles sur l'environnement et la relocalisation quand il chercha à faire adopter le projet relatif à la pauvreté dans l'ouest de la Chine, qui aurait transformé un écosystème aride, faisant vivre des minorités composées de bergers tibétains et mongols, en terres agricoles pour fermiers sédentaires qui seraient venus d'autres parties de la Chine.

Un coup d'œil au portefeuille de prêts de la Banque permet d'appréhender la réalité derrière le discours : les prêts pour l'environnement, en pourcentage du portefeuille total de prêts de la Banque, sont passés de 3,6 % pour l'année fiscale

1994 à 1,02 % en 1998; les fonds alloués à des projets environnementaux ont décliné de 32,7 % entre 1998 et 1999; plus de la moitié de l'ensemble des prêts accordés par la division de la Banque mondiale en charge du secteur privé étaient destinés à des projets écologiquement préjudiciables, comme des barrages, des routes ou la production d'énergie. Le personnel de la Banque en charge des questions écologiques était tellement marginalisé au sein de la bureaucratie que l'éminent économiste écologiste, Herman Daly, quitta la Banque car il estimait que ni lui ni ses collègues environnementalistes au sein de la Banque n'avaient la moindre influence sur la politique de l'institution.

Confronté à une liste très documentée d'accusations de la part de groupes issus de la société civile durant le débat maintenant célèbre qui s'est tenu au château de Prague, sous l'égide du président tchèque Vaclav Havel, lors de la réunion tumultueuse FMI-Banque mondiale, le 23 septembre 2000, Wolfensohn en fut réduit à faire cette réplique mémorable: « Mes collègues et moi nous sentons bien en allant au bureau chaque matin[13]. » C'était une réponse qui soulignait la gravité de la crise de légitimité du système de Bretton Woods, et qui n'avait d'égale que la fameuse remarque du

---

13. Déclaration lors du débat au château de Prague, 23 septembre 2000.

directeur exécutif du FMI, Horst Köhler, au cours du même débat : « Moi aussi j'ai un cœur, mais pour prendre des décisions, je dois utiliser ma tête[14]. »

L'OMC sur la route de Seattle

Au milieu des années quatre-vingt-dix, l'OMC a été présentée au grand public comme le pivot d'un système multilatéral de gouvernance économique qui mettrait en place les règles nécessaires afin de faciliter la croissance du commerce global et la diffusion de ses effets bénéfiques. Près de cinq ans plus tard, les implications et les conséquences de la fondation de l'OMC sont apparues clairement aux yeux d'un grand nombre de gens : il s'agissait d'un hold-up en plein jour. Voyons quelques-unes de ces réalisations :

- en acceptant d'éliminer les quotas d'importation et en signant les Mesures concernant les investissements et liées au commerce (MIC), qui déclaraient illégales des mécanismes comme les politiques de contenu local ou les exigences de réciprocité commerciale, les pays en développement comprirent qu'ils

14. *Ibid.*

avaient en fait accepté de renoncer à employer la politique commerciale pour stimuler leur industrialisation ;

- en signant l'Accord sur les aspects des droits de propriété intellectuelle qui touchent au commerce (ADPIC), les pays se rendirent compte qu'ils avaient accordé à des entreprises transnationales de haute technologie comme Microsoft ou Intel le droit de monopoliser l'innovation dans les industries de savoir intensif, et avaient donné le feu vert à des entreprises de biotechnologie comme Novartis ou Monsanto pour privatiser les fruits de l'interaction millénaire entre les communautés humaines et la nature, comme les graines, les plantes ou la vie animale ;
- en signant l'Accord sur l'agriculture, les pays en développement ont découvert qu'ils avaient accepté d'ouvrir leurs marchés tout en autorisant les superpuissances agricoles à renforcer les systèmes de subventions à leur propre production agricole qui entraînaient des dumpings massifs de surplus sur ces mêmes marchés, un processus qui avait aussi pour conséquence de détruire l'agriculture de petites exploitations. Les chiffres parlaient d'eux-mêmes : le niveau d'ensemble des subventions agricoles dans les pays de

l'Organisation de coopération et de développement économiques (OCDE) est passé de 182 milliards de dollars en 1995, quand est née l'OMC, à 280 milliards de dollars en 1997, et 362 milliards de dollars en 1998. Au lieu d'être le début d'un *New Deal*, c'est-à-dire d'une nouvelle donne, l'Accord sur l'agriculture « a perpétué, pour reprendre les mots d'un ancien ministre philippin du Commerce, les inégalités dans les règles du jeu que le système de commerce multilatéral avait essayé de corriger. En outre, il faisait supporter le fardeau de l'ajustement aux pays en développement, plutôt qu'aux pays qui avaient les moyens de maintenir des niveaux élevés d'aides à leurs producteurs et de subventions à leurs exportateurs[15] ».

Contrastant avec le cadre souple du GATT qui laissait de la place aux initiatives de développement, les dispositions très détaillées et contraignantes de l'Uruguay Round étaient fondamentalement antidéveloppement dans leur inspiration. C'était évident, voyant ce qu'était devenu le principe de « Traitement spécial et

---

15. Cesar Bautista, discours à la deuxième conférence ministérielle de l'Organisation mondiale du commerce, Genève, du 18 au 20 mai 1998.

différent » pour les pays en développement : il faisait partie du GATT mais se retrouvait considérablement atténué dans l'OMC. Un pilier central de la CNUCED – une organisation qui avait été dépouillée d'une grande partie de ses attributions par l'OMC –, ce principe de Traitement spécial et différent proclamait qu'à cause du lien étroit entre commerce et développement, les pays en développement ne devaient pas être soumis aux mêmes exigences, lois et réglementations que celles gouvernant le commerce entre pays développés. Pour des raisons historiques et structurelles, les pays en développement requéraient une considération et une assistance spéciales pour adapter les règles du jeu afin qu'ils puissent participer équitablement au commerce mondial. Cela comprenait à la fois des barrières douanières protégeant leur développement économique, et pour leurs exportations un accès préférentiel aux marchés des pays développés.

Bien que le GATT ne fût pas principalement concerné par les questions de développement, il reconnaissait le « statut spécial et différentiel » des pays en développement. L'affirmation la plus forte en ce sens était peut-être celle contenue dans la déclaration finale du Tokyo Round en 1973, qui reconnaissait « l'importance d'appliquer des mesures différentielles pour les pays en développement afin de leur offrir un traitement spécial et plus favorable dans les domaines de négociation où cela est possible[16] ».

Différentes sections de l'accord du GATT, qui a évolué au cours du temps, permettaient aux pays en développement de renégocier les consolidations tarifaires en vue d'encourager l'établissement de certaines industries ; d'utiliser les tarifs avec des objectifs fiscaux et de développement économique ; d'utiliser les restrictions quantitatives pour aider les industries naissantes ; d'accepter le principe de la non-réciprocité pour les pays en développement dans les négociations commerciales[17]. L'accord-cadre de 1979, appelé Clause de permission, donnait aussi un socle légal permanent à un système général de préférences (SGP) qui offrait un accès privilégié aux exportations des pays en développement[18].

L'Uruguay Round changea profondément ces dispositions. Le SGP ne fut pas inclus tel quel – les tarifs appliqués aux pays en développement pouvaient désormais être rehaussés jusqu'à ce

16. Cité dans John Whalley, « Special and Differential Treatment in the Millenium Round », Centre for the Study of Globalisation and Regionalisation, University of Warwick, Coventry, United Kingdom, *CSGR Working Paper*, n° 30/99, mai 1999, p. 3.

17. *Ibid.* p. 4.

18. *Ibid.* p. 7.

qu'ils soient égaux aux barrières consolidées pour toutes les sources d'importation. Durant les négociations, la menace de retirer le SGP fut utilisée comme « forme de pression bilatérale sur les pays en développement[19] ». Le principe de Traitement spécial et différentiel, qui accordait des droits de protection et d'accès spéciaux au marché, fut redéfini comme « [le principe] de prendre en compte les difficultés spéciales d'ajustement rencontrées par les pays en développement provenant de la mise en œuvre des décisions de l'OMC[20] ». Des mesures qui avaient été conçues pour répondre aux inégalités structurelles cédèrent la place à des mesures, telles que le ralentissement de la réduction des barrières douanières ou un délai plus long accordé à la mise en œuvre des décisions, qui considéraient le problème des pays en développement comme étant la simple mise à niveau avec les autres, d'égal à égal.

Le Traitement spécial et différent fut sensiblement édulcoré dans l'OMC, et cela n'était pas surprenant au vu du projet néolibéral sous-jacent dans la philosophie de l'OMC, qui se démarque de l'approche keynésienne du GATT : selon l'OMC, il n'y a pas de droits spéciaux, pas besoin

19. *Ibid.* p. 10.
20. *Ibid.* p. 14.

de protections spéciales pour le développement. La seule voie vers le développement est celle qui requiert une libéralisation radicale du commerce et des investissements.

Les pays en développement ont aussi été déssillés par le GATT-OMC quand ils ont vu ce qu'étaient devenues les mesures approuvées durant l'Uruguay Round qui étaient supposées répondre à la situation particulière des pays en développement. Il y avait deux accords clés, spécifiquement conçus selon les partisans de l'OMC pour satisfaire les besoins du Sud : l'Accord ministériel spécial approuvé à Marrakech, en avril 1994, décrétant des mesures compensatoires spéciales afin de contrecarrer les effets négatifs de la libéralisation du commerce sur les pays importateurs nets de denrées alimentaires ; et l'Accord sur le textile et les vêtements, stipulant que le système des quotas sur les exportations de textile et d'habillement des pays en développement vers le Nord serait démantelé sur une période de dix ans.

La décision ministérielle exceptionnelle prise à Marrakech de fournir une assistance aux « pays importateurs nets de denrées alimentaires » afin de compenser la réduction des subventions qui rendraient les importations alimentaires plus chères pour les « pays importateurs nets de denrées alimentaires » n'a jamais été appliquée. Bien que les prix mondiaux du pétrole brut aient doublé durant les trois années 1994-1995-1996[21], la Banque mondiale et le FMI bloquèrent toute idée d'aide compensatoire en faisant valoir que « la hausse des prix pétroliers n'était pas due à l'Accord sur l'agriculture, et [que] par ailleurs on ne s'était jamais accordé sur le responsable de l'assistance[22] ».

Conformément à l'Accord sur le textile et les vêtements, les pays développés s'engageaient à appliquer progressivement les règles de l'OMC à toutes les importations de textile et d'habillement, selon un échéancier en quatre étapes s'achevant le 1er janvier 2005. Une mesure clé devait être la levée des quotas sur les importations, datant de l'Accord multifibre (AMF), et d'autres dispositions similaires qui avaient été utilisées comme frein à la pénétration des marchés des pays développés par des importations de textile et d'habillement bon marché des pays du tiers-monde. Les pays développés conservaient cependant le droit de choisir quelles lignes de produits libéraliser et quand, si bien qu'ils soumirent d'abord aux règles de l'OMC des produits qui, pour la plupart, ne faisaient pas

---

21. Prix spot moyen mondial : 7 janvier 1994, 12,37 dollars le baril – 3 janvier 1997, 23,18 dollars le baril. Source : http://www.eia.doe.gov *(N.d.T.)*

22. « More Power to the World Trade Organization », *Panos briefing*, novembre 1999, p. 14.

l'objet de restrictions, et remirent à plus tard la question des produits pour lesquels ils avaient érigé des barrières. Ainsi, dans la première phase, tous les produits dont les importations étaient restreintes continuaient à l'être par des quotas, car seulement les produits dont l'importation n'était pas considérée comme menaçante – les chapeaux en feutre ou les fils en fins poils d'animal cardés – étaient dans les notifications des pays développés. En effet, les notifications sur les produits prévus pour être libéralisés le 1er janvier 1998 révélaient que « même durant la deuxième étape de l'échéancier, seule une très petite proportion » de produits faisant l'objet de restrictions verrait ses quotas levés[23].

Compte tenu de cette tendance, John Whalley note que « la croyance est maintenant largement répandue dans les pays en développement et qu'en 2004, l'Accord multifibre aura peut-être disparu, mais il pourrait bien être remplacé pour une série d'autres instruments commerciaux, peut-être un accroissement important des droits anti-dumping[24] ». Le cataclysme de Seattle attendait son heure.

---

23. South Center, *The Multilateral Trade Agenda and the South*, Genève, South Center, 1998, p. 32.

24. John Whalley, « Building Poor Countries' Trading Capacity », *CSGR Working Paper Series*, CSGR, University of Warwick, mars 1999.

5

Les vicissitudes de la réforme
1998-2002

APRÈS l'éclatement de la crise financière asiatique, le rôle du G7 dans la coordination de la réponse au besoin de changement des institutions de la gouvernance économique globale entra dans une phase critique. C'était devenu particulièrement clair à la suite de cette crise.

Réformer l'architecture financière globale

On entendit alors de toutes parts des appels à une nouvelle architecture globale afin de réduire la mobilité des milliers de milliards de dollars qui se déplaçaient d'un pays à l'autre à la recherche de minces mais profitables différentiels de taux d'intérêt. Finalement, les États-Unis décrétèrent que l'architecture présente était fondamentalement saine, qu'aucune réforme profonde n'était nécessaire, qu'il fallait simplement « un meilleur câblage du système ». À quelques nuances près, cette opinion était partagée par les autres membres du G7.

Cette approche se fixa comme objectif principal la « réforme » des secteurs financiers des économies en crise grâce à une plus grande transparence, des lois plus strictes sur les faillites, afin de réduire l'aléa moral, des règles prudentielles mettant en application les « principes fondamentaux » établis par le Comité de Bâle sur la supervision des banques, et des flux encore plus importants de capitaux étrangers non seulement pour recapitaliser les banques en difficulté, mais aussi pour « stabiliser » les systèmes financiers locaux en faisant des participations étrangères une partie intégrante de ces derniers.

Concernant les acteurs du Nord qui soutenaient les politiques de *supply-side*[1], on s'en remettait à leur bonne volonté pour se conformer aux principes de Bâle. L'intervention gouvernementale pourrait néanmoins être de temps à autre

1. Théorie économique selon laquelle il faut aider l'offre plutôt que la demande, c'est-à-dire favoriser les investissements plutôt que soutenir la consommation, afin de stimuler le développement économique. *(N.d.T.)*

nécessaire afin de sauver des joueurs de casino ayant tout perdu et dont la faillite aurait mis en danger la structure financière globale (comme ce fut le cas à la fin de 1998 quand un consortium de banques new-yorkaises – avec à sa tête la banque de réserve fédérale de New York – organisa le sauvetage du fonds d'arbitrage Long-Term Capital Management après que celui-ci eut été mis en déroute par la crise financière russe). Face à la question des fonds d'arbitrage, tout ce à quoi le G7 consentit fut de déclarer en octobre 1998 qu'il fallait examiner « les implications des opérations des organisations financières internationales à fort levier, y compris les fonds d'arbitrage et les institutions opérant à partir de paradis fiscaux » et « les encourager à se conformer aux standards internationaux[2] ».

La taxe Tobin ou des mécanismes du même type conçus pour ralentir les mouvements de capitaux étaient exclus. Au contraire, pour combattre l'instabilité financière globale, il fallait libéraliser davantage. Le secrétaire américain au Trésor, Larry Summers, révéla la logique sous-tendant cette approche, quand il s'exprima sur

2. Cité dans Nations unies, *Toward a New Financial Architecture : A Report of the Task Force of the Executive Committee on Economic and Social Affairs of the United Nations*, New York, CNUCED, 1999.

l'Argentine en 1999 : « Aujourd'hui en Argentine, la moitié du secteur bancaire dans son ensemble, et 70 % des banques privées, est sous le contrôle d'intérêts étrangers, comparé à 30 % en 1994. Il en résulte un marché plus vaste et plus efficace, et des investisseurs extérieurs qui ont plus intérêt à rester[3]. » Dans la curieuse équation du Trésor américain : libéralisation financière = stabilité financière intérieure = intérêt global.

Pour ce qui était de la refonte du FMI, dans le domaine politique, aucune réforme significative n'était proposée. Dans la pratique, un FMI pareil à lui-même et non réformé continuait à être le centre du « dispositif pour combattre les incendies ». Le G7 était favorable à l'expansion des pouvoirs du FMI. Il faut reconnaître cependant qu'il conféra l'autorité au FMI pour pousser les créanciers privés à prendre en charge une partie des coûts des programmes de sauvetage, c'est-à-dire les forcer à faire face aux problèmes plutôt que les aider financièrement pour les en sortir. C'était une modeste réponse aux critiques de la droite comme de la gauche déclarant qu'étant donné l'usage qui avait été fait du Fonds dans le passé pour renflouer des créanciers privés, ces derniers

3. Cité dans Walden Bello, « Power, Timidity, and Irresponsability in Global Finance », dans *The Future in the Balance*, p. 159.

étaient tout simplement encouragés à accorder davantage de prêts irresponsables à l'avenir.

D'un autre côté, le G7 autorisa la création d'une « ligne de crédit préventive » (LCP) qui serait ouverte pour les pays menacés d'attaques spéculatives. L'accès pour un pays à cette facilité financière dépendrait de ses antécédents en matière de respect des fondamentaux macroéconomiques, ainsi que le stipule traditionnellement le Fonds.

Le seul problème avec cette proposition était que personne ne voulait se prévaloir de sa bonne note bancaire d'avant la crise, de crainte, à juste titre, que les investisseurs spéculatifs n'interprètent un recours à la LCP comme un signe de difficultés et n'en profitent pour retirer leurs capitaux du pays, accélérant ainsi la crise que la bonne note de précrise était censée empêcher[4].

Une autre innovation annoncée en fanfare par le G7 dans le domaine du management financier global était la création d'un « Forum de stabilité financière » (FSF). Dans le projet initial, cet organisme ne comptait pas de représentants des pays en développement. Devant le concert de critiques que cela souleva, le G7 invita Singapour et Hong Kong à se joindre au forum. Les pays en développement n'étant toujours pas satisfaits, le

4. La LCP n'a finalement jamais été utilisée et, à son expiration en novembre 2003, elle n'a pas été renouvelée. *(N.d.T.)*

G7 fut conduit à créer le G20, qui incorporait une plus grande représentation du Sud[5]. Comme l'observe Andy Knight, ce groupe, élargi à vingt pays, n'a néanmoins toujours pas de représentants des pays les plus pauvres[6]. En outre, « le G20 n'est pas non plus doté de mécanismes pour rendre des comptes à la communauté internationale dans son ensemble ; le fait qu'il soit l'enfant du G7 réduit sa légitimité ; ses membres ne forment pas un groupe réellement représentatif ; son mandat est restreint ; ses procédures ne sont pas assez souples pour permettre aux organisations non gouvernementales d'y participer ; et son fonctionnement n'est pas non plus réellement transparent[7] ».

Mais la meilleure preuve de l'échec du G7 dans le domaine de la réforme de l'architecture financière a probablement été son incapacité à proposer un mécanisme viable pour traiter les cas de faillite d'État. Depuis la crise de la dette dans le tiers-monde au début des années quatre-vingt, il a été régulièrement suggéré qu'un mécanisme

---

5. Le FSF et le G20 ont tous deux été créés en 1999. *(N.d.T.)*

6. W. Andy Knight, « Multilevel Economic Governance through Subsidiarity: Remodelling the Global Financial Architecture », article préparé pour la Conférence sur l'architecture financière globale, Center for Global Studies, Université de Victoria, Colombie britannique, Canada, 29-30 août 2001.

7. *Ibid.*

international de faillite était nécessaire, quelque chose d'équivalent au niveau international à la procédure américaine appelée « Chapter 11 », où les entités qui présenteraient un dossier de dépôt de bilan et une demande de restructuration de leurs dettes ne seraient plus des entreprises mais des pays. La crise financière asiatique et celles qui s'ensuivirent en Russie et au Brésil en 1998 ont relancé l'intérêt pour un tel mécanisme. Ce fut cependant l'effondrement de l'économie de l'Argentine au premier trimestre 2002 sous le poids de sa dette qui fit prendre conscience de l'urgence de sa mise en place.

Quand, le 1er avril 2002, Anne Krueger, la citoyenne américaine directrice adjointe du FMI à ce moment-là, fit part de son soutien à « une entité juridique internationale unique » qui superviserait et arbitrerait les restructurations de dette, il semblait que l'idée avait enfin gagné du terrain. Mais dès le lendemain, John Taylor, le sous-secrétaire américain au Trésor en charge des affaires internationales, exprimait son désaccord en disant que la « réforme la plus efficace et acceptable par tous serait de permettre aux emprunteurs souverains et à leurs créanciers d'inclure de nouvelles clauses dans leurs contrats de prêt[8] ». En

8. Nicola Bullard, « The Puppet Master Shows His Hand », dans *Focus on Trade*, n° 76, avril 2002, pp. 3-4.

d'autres termes, spécifier des conditions de remboursement en cas de crise de la dette, mais laisser l'emprunteur souverain et ses créanciers régler la question entre eux – bref, un statu quo où les créanciers ont tendance à s'unir et peuvent ainsi écraser leur débiteur[9]. Devant l'opposition de son propre gouvernement, Krueger fit machine arrière, et l'Argentine fut abandonnée à son triste sort – bien que même une aide apportée par un mécanisme de faillite lié au FMI eût probablement été de toute façon de faible ampleur.

De l'ajustement structurel à la réduction de la pauvreté ?

Le désastre des ajustements structurels devenant de plus en plus évident dans les pays en développement, le G7 s'engagea à diminuer considérablement, sous la direction de la Banque mondiale, le service de la dette des quarante et un pays pauvres très endettés (PPTE). Cette initiative a été annoncée haut et fort au sommet du G7 de Cologne en juillet 1999. Néanmoins, au sommet d'Okinawa, l'année suivante, la réduction de la dette des pays pauvres n'était plus à l'ordre du

9. *Ibid.*

jour, et au sommet de Gênes de juillet 2001, il y fut seulement fait brièvement allusion dans le communiqué final. Pas surprenant, étant donné que le programme, depuis son démarrage en 1996, avait réussi à réduire la dette de seulement un milliard de dollars – soit une réduction du service par ces pays d'à peine 3 % en quatre ans et demi[10]. Une autre estimation, par l'ONG britannique Christian Aid, a calculé que seulement 6,4 % du montant total des dettes des pays les plus pauvres sont concernés par l'initiative PPTE[11]. Et la Banque mondiale elle-même a reconnu que la moitié des pays inclus dans l'initiative PPTE auraient encore des remboursements excessifs à la fin de leur programme[12]. Selon l'analyse du Jubilee USA Network[13], le programme fut un misérable échec car il était trop étendu dans le temps, les réductions de dettes trop faibles, et les pays concernés forcés de se plier à des conditions

10. Ces estimations viennent d'Éric Toussaint du Comité pour l'annulation de la dette du tiers-monde (CADTM).

11. Cité dans « HIPC: The Official Debt Relief Program », Jubilee 2000/USA Fact Sheet, juin 2002.

12. Cité dans Soren Ambrose et Maria Vanderslice, « G7 Debt Relief Plan: More Grief than Relief », Spotlight, Jubilee USA Network, juin 2002.

13. Le Jubilee USA Network est une alliance de soixante-quinze groupes de communautés religieuses, de syndicats, d'organisations communautaires ou solidaires, et d'écologistes, travaillant à la réduction de la dette des pays pauvres. *(N.d.T.)*

déraisonnables, la réduction de leur dette étant liée à la mise en œuvre par ces pays d'exigences draconiennes du FMI[14].

Lors de la réunion Banque mondiale-FMI à l'automne 1999, la Facilité d'ajustement structurel renforcée (FASR) a été rebaptisée « Facilité pour la réduction de la pauvreté et pour la croissance » (FRPC). Une nouvelle approche devait en théorie accompagner ce changement. Selon les mots de Larry Summers, le secrétaire américain au Trésor, la nouvelle approche consisterait à « prendre ses distances par rapport au processus centré sur le FMI, qui s'était trop souvent focalisé sur des objectifs macroéconomiques étroits, aux dépens du développement humain dans un sens plus large[15] ». Le nouveau processus « serait plus ouvert, ferait intervenir un plus grand nombre d'organisations internationales et confierait aux responsables politiques nationaux et aux groupes issus de la société civile un rôle plus central[16] ».

Mais cette nouvelle approche, quand on l'examinait de près, ressemblait étrangement à l'ancienne. Summers déclarait que l'une des

---

14. *Ibid.*

15. Tribune libre publiée dans le *Washington Post*, reproduite dans *Today*, 15 novembre 1999.

16. *Ibid.*

priorités du nouveau FMI devait être « un encouragement fort à l'ouverture des marchés et à la libéralisation des échanges[17] ». Cette libéralisation des échanges, poursuivait-il,

> est souvent un élément clé des interventions du FMI. Au cours des négociations, le FMI a cherché à faire appliquer les accords commerciaux en vigueur et obtenir un engagement plus ferme à prendre des mesures d'ouverture dans une stratégie de stimulation de la croissance. Par exemple : dans le cadre de son programme avec le FMI, l'Indonésie a aboli les monopoles sur l'importation de soja et de blé ; accepté d'enlever toutes les barrières douanières sur les importations ; démantelé tous les cartels sur le contreplaqué, le ciment et le papier ; annulé les restrictions sur les investissements étrangers dans les secteurs du commerce de gros et de détail ; et autorisé les banques étrangères à acquérir des banques locales. Le gouvernement de la Zambie, dans son programme pour 1999 avec le FMI, s'est engagé à réduire à 10 % la moyenne pondérée des tarifs sur les biens étrangers, et à abaisser de 25 % à 20 % les tarifs maximaux en 2001. En juillet,

17. Déposition du secrétaire américain au Trésor Larry Summers devant le Comité pour les relations internationales du Sénat américain, Washington, DC, 5 novembre 1999.

> l'interdiction d'importer de la farine de blé a été levée[18].

En d'autres termes, sous la rhétorique antipauvreté et en faveur du développement humain, c'était toujours le même modèle de développement économique néolibéral.

En ce qui concernait le processus DSRP – la préparation des documents de stratégie pour la réduction de la pauvreté entre le Fonds, la Banque et les responsables gouvernementaux locaux –, il s'avéra que ce n'était rien de plus qu'une tentative d'ajouter un vernis de participation publique et de rhétorique antipauvreté aux mêmes modèles et processus technocratiques mettant l'accent sur la libéralisation et la déréglementation. Des rapports récents de pays où le processus DSRP a commencé

> montrent que peu de choses ont changé dans les programmes du FMI et de la Banque mondiale, que ce soit dans leur contenu ou dans leur mise en œuvre. Les expériences de la Bolivie, du Nicaragua, de la Tanzanie, de la Zambie et du Mozambique indiquent que les processus DSRP continuent à être fondés sur les ajustements structurels et sur les

18. *Ibid.*

> indicateurs macroéconomiques existants, auxquels viennent s'ajouter quelques belles paroles sur une participation authentique du public à l'analyse des origines de la pauvreté et à l'élaboration des politiques[19].

En outre, la participation ne signifiait

> pas beaucoup plus que des consultations avec quelques organisations proéminentes et libérales de la société civile, plutôt qu'un dialogue étendu et approfondi avec le public sur les causes de la pauvreté. Les formes locales d'organisations de la société civile (OSC), comme les syndicats, les organisations paysannes, les mouvements sociaux, les groupes féministes, et les autres organisations comparables du pays, n'ont pas été invitées à participer au processus, et les quelques discussions publiques qui ont eu lieu étaient limitées à des puissantes organisations non gouvernementales nationales et internationales[20].

Un examen détaillé des processus DSRP dans trois pays – le Vietnam, le Laos et le Cambodge –

---

19. Shalmali Guttal, « The End of Imagination: The World Bank, the International Monetary Fund, and Poverty Reduction », Bangkok, Focus on the Global South, septembre 2000.

20. *Ibid.*

par les analystes de Focus on the Global South[21], Joy Chavez Malaluan et Shalmali Guttal, renforce ces observations. Sous la pesante rhétorique de réduction de la pauvreté, le processus prétendument consultatif révèle toujours le même moule, qu'on pourrait appeler « une seule et même politique valable pour tous », qui met l'accent sur la croissance rapide, la déréglementation de la politique monétaire, le démantèlement du secteur public en faveur des entreprises privées, l'élimination des contraintes réglementaires, des lois plus accommodantes pour l'investissement étranger, la libéralisation du commerce, la croissance orientée vers l'exportation et la commercialisation des droits sur les terres et les ressources. « Le DSRP est présenté par la Banque mondiale et le FMI comme une approche complète, notent les auteurs. Cela, il l'est certainement, concluent-ils, mais pas pour la réduction de la pauvreté. Le DSRP est un programme complet, au nom de la pauvreté[22]. »

« Plus les choses changent, plus elles restent les mêmes. » Cet aphorisme n'a jamais été aussi vrai

---

21. ONG fondée et dirigée par l'auteur dont le siège est à Bangkok. Site web : http://www.focusweb.org *(N.d.T.)*

22. Jenina Joy Chavez Malaluan et Shalmadi Guttal, « Structural Adjustment in the Name of the Poor: The PRSP Experience in the Lao PDR, Cambodia, and Vietnam », Bangkok, Focus on the Global South, janvier 2002, p. 18.

que dans le cas de la Banque mondiale. Que la volonté de réformes à la Banque ait été entravée est apparu au grand jour, quand deux économistes éminents ont été invités à partir : Joseph Stiglitz, l'économiste en chef (sous la pression du secrétaire américain au Trésor Larry Summers, son prédécesseur orthodoxe) et Ravi Kanbur, directeur du Rapport pour le développement mondial (sous la pression des analystes politiques en place).

Le processus de décision non démocratique réaffirmé

Quand on veut aborder la question de la démocratisation du FMI et de la Banque mondiale, on vous fait comprendre qu'on ne remettra pas en cause la pratique féodale d'avoir toujours un Américain à la tête de la Banque et un Européen à celle du FMI. Pour ce qui est d'accorder plus de voix aux pays en développement, de nombreuses propositions ont été faites ces trois dernières années. La plus importante d'entre elles est peut-être celle de Joseph Stiglitz, l'ancien économiste en chef de la Banque mondiale. Sa proposition, pleine de sens, est qu'« en attendant un réexamen de la répartition des droits de vote, il soit donné plus d'importance à la voix directe des pays emprunteurs au sein des conseils exécutifs des Institutions financières internationales (IFI), par exemple en créant deux nouveaux sièges disposant d'une demi-voix chacun, ou en modifiant les représentations par régions[23] ».

De telles propositions sont restées lettre morte, et la raison en est la suivante, comme l'explique Mark Zacher :

> Il est très improbable que les principaux bailleurs de fonds (c'est-à-dire les pays occidentaux industrialisés) puissent sacrifier leur droit de veto (15, 30 ou 50 % des votes totaux selon les questions mises au vote) sur les sommes d'argent qu'ils apportent ou les politiques concernant les prêts ou les subventions aux pays qui les reçoivent. Ils peuvent accepter des changements modestes dans la répartition des voix ou les quorums nécessaires pour des décisions particulières ; mais ils ne sacrifieront pas leur possibilité de bloquer les décisions qui concernent les contributions au FMI et la dispersion *[sic]* par le FMI de ces fonds[24].

23. Proposition présentée à la conférence « 2020 Global Architecture Visions », Université de Victoria, Colombie britannique, du 29 au 30 août 2001.

24. Mark Zacher, *ibid.* (voir aussi le chapitre 3).

Le processus de décision à l'OMC : de Seattle à Doha

Concernant l'Organisation mondiale du commerce, au lieu de chercher à changer les processus de décision grossièrement non représentatifs après le fiasco de Seattle, les responsables de l'OMC se sont surtout occupés de défendre leur position. Le processus de la Green Room, par exemple, était justifié ainsi par Mike Moore, un des conseillers importants du directeur général : « L'un des mythes concernant Seattle est qu'il n'y avait pas d'Africains ni pratiquement aucun pays en développement dans la Green Room. En réalité, il y avait six Africains et une majorité provenant des pays en développement. En outre, tout accord auquel on parvient dans la Green Room doit encore être approuvé par l'ensemble des membres de l'OMC[25]. » Mike Moore lui-même déclara à des délégués des pays en développement, lors de la dixième réunion de la CNUCED à Bangkok en février 2000, que le système du consensus et de la Green Room était « non négociable[26] ».

25. Philippe Legrain, « Should the WTO be Abolished ? », dans *Ecologist*, vol. 30, n° 9, décembre 2000-janvier 2001, p. 23.

26. Déclaration lors de la réunion CNUCED X, Bangkok, février 2000.

L'absence de progrès vers un processus de décision plus transparent et démocratique était plus qu'évidente dans la préparation puis les actes de la quatrième conférence ministérielle à Doha, au Qatar, en novembre 2001.

Le projet proposé pour la déclaration de la conférence ministérielle a été le produit du genre de tactiques non transparentes auxquelles les grandes puissances commerciales ont régulièrement recours. Pendant la préparation de Doha, la plupart des pays en développement étaient à peu près unis autour de la position d'après laquelle la conférence devrait s'occuper de questions de mise en œuvre et réexaminer les accords clés de l'OMC, avant de lancer un nouveau round de libéralisation commerciale.

Mais quelques semaines avant Doha, quand le projet de déclaration devint public, l'accent ne portait plus sur les questions de mise en œuvre, mais sur un prétendu consensus sur l'ouverture de négociations sur les questions de concurrence, de politique d'investissement, de marchés publics et de facilitation des échanges, c'est-à-dire sur les priorités de la minorité des pays riches et puissants. « Malgré les positions clairement exprimées, que les pays en développement ne veulent pas entrer dans un nouveau round tant que la mise en œuvre des décisions passées et le processus de décision n'auront pas été traités, observa Aileen Kwa qui suivit de près le processus, le projet de déclaration plaça en haut de l'ordre du jour le lancement d'un nouveau round complet[27]. »

Le projet, rédigé par le chairman du Conseil général, était le résultat de consultations avec tous les membres de l'OMC. Dans la réalité des faits, les consultations clés avaient eu lieu au sein d'un cercle restreint de vingt à vingt-cinq participants – ce qu'on appelle le processus de la Green Room, qui exclut effectivement la plupart des membres de l'OMC. Lors de la préparation de la conférence du Qatar, ce processus réservé à quelques-uns tint deux miniconférences, une à Mexico fin août et une à Singapour les 13 et 14 octobre. Comment était-on invité à ces réunions ? Cela restait très flou. Aileen Kwa cite le cas d'un ambassadeur d'un pays à l'économie en transition à qui le secrétariat de l'OMC avait promis une invitation à une réunion de la Green Room mais qui ne l'a jamais reçue. Il y avait aussi le cas d'un ambassadeur africain qui voulait venir à la miniconférence de Singapour : quand il demanda une invitation au secrétariat de l'OMC, ce dernier lui répondit que le secrétariat n'était pas l'organisateur de la réunion. Se tournant alors vers la mission de

27. Aileen Kwa, « Crisis in WTO Talks », dans *Focus on Trade*, n° 68, octobre 2001.

Singapour à Genève, la réponse qu'il reçut fut qu'elle servait simplement de coordinateur pour le meeting et n'avait pas le pouvoir d'envoyer des invitations[28].

La conférence ministérielle de Doha, du 9 au 14 novembre 2001, se déroula dans des conditions défavorables du point de vue des intérêts des pays en développement. Les événements du 11-Septembre offrirent au représentant américain au Commerce, Robert Zoellick, et au commissaire européen au Commerce, Pascal Lamy, une occasion rêvée d'accroître la pression sur les pays en développement afin qu'ils acceptent le lancement d'un nouveau round de négociations commerciales, arguant sa nécessité pour contrer le ralentissement global qu'avaient aggravé les actions terroristes. Le lieu aussi était défavorable, le Qatar étant une monarchie pouvant facilement contrôler les dissidents. Le pouvoir du secrétariat de l'OMC de décider qui recevrait un visa d'entrée au Qatar pour participer à la conférence ministérielle lui permit de limiter à une soixantaine le nombre d'ONG légitimes qui pourraient y assister, prenant ainsi les devants en vue d'empêcher tout débordement explosif de la part des pays en développement mécontents et des

28. *Ibid.*

manifestations massives dans les rues comme à Seattle.

Malgré tout, ces facteurs n'auraient pas suffi à provoquer une issue défavorable. La tactique comptait aussi, et sur ce plan-là les pays en développement ont été clairement manœuvrés à Doha. Voici les manœuvres qu'on peut souligner[29] :

- pousser le projet déséquilibré de déclaration et le présenter à la conférence ministérielle comme une version « finalisée » sur laquelle il existerait un prétendu consensus, fermant ainsi la porte à des discussions sérieuses et empêchant les pays en développement de faire des objections fondamentales sans apparaître « obstructionnistes » ;
- opposer les représentants officiels des capitales à leurs négociateurs basés à Genève, ces derniers étant présentés comme « récalcitrants » ou « à l'esprit étroit » ;
- employer la menace directe, comme le firent les États-Unis quand ils intimèrent à Haïti et à la République dominicaine de cesser de s'opposer à la position américaine sur les

29. La liste est fondée sur les discussions entre participants – dont beaucoup s'étaient rendus à la conférence ministérielle de Doha – à la réunion de Bruxelles de « Notre monde n'est pas à vendre » du 9 au 11 décembre 2002.

marchés publics, au risque de voir leurs accords de préférence commerciale annulés ;

- acheter des votes avec des bonus, comme le fit l'Union européenne quand, en échange de leur accord sur la déclaration finale, elle assura les pays ACP (Afrique, Caraïbes et Pacifique) que l'OMC respecterait ce qu'on appelle la « dérogation ACP » qui leur permettrait d'exporter leurs produits agricoles en Europe à des conditions préférentielles par rapport aux autres pays. Le Pakistan, un des plus farouches défenseurs des pays en développement, faisait preuve d'un silence assourdissant à Doha. Cela n'était apparemment pas sans rapport avec le fait que les États-Unis lui avaient accordé une aide massive, sous forme de subventions, de prêts et de réduction de dette, à cause de son statut spécial dans la guerre américaine contre le terrorisme. Le Nigeria, qui avant Doha était allé jusqu'à dénoncer dans un communiqué officiel le projet de déclaration, était devenu le 14 novembre l'un de ses plus ardents soutiens – un retournement qu'il était difficile de dissocier de l'importante aide économique et militaire que lui avaient entre-temps promise les États-Unis ;
- réinstaurer l'infâme Green Room les 13 et 14 novembre, quand une vingtaine de pays

triés sur le volet avaient « reçu pour mission » de la part du secrétariat de l'OMC et des grandes puissances de préparer la version finale de la déclaration. Ces pays n'avaient pas été sélectionnés dans un processus démocratique, et les efforts de certains représentants des pays en développement pour faire partie de ces heureux élus avaient été repoussés, certaines fois avec diplomatie, d'autres fois de manière explicite, comme dans le cas du délégué de l'Ouganda ;

- enfin, mettre la pression sur les pays en développement en leur disant qu'ils porteraient la responsabilité de l'effondrement d'une nouvelle conférence ministérielle, de l'effondrement de l'OMC et de l'aggravation de la récession globale qui serait la conséquence inévitable de ces deux événements.

Doha a représenté la pire période dans l'histoire du GATT-OMC en termes d'intimidations, de menaces voilées, de corruption et d'opacité. Il n'existe pas de minutes des délibérations qui ont conduit aux décisions de Doha, car les sessions formelles de la conférence ministérielle – qui dans un système démocratique sont le lieu où sont prises les décisions – étaient, comme à Seattle, réservées aux discours, les décisions réelles étant prises dans des groupes informels dont les lieux de réunion ne cessaient de changer et n'étaient pas connus de tous. Comme il n'y a pas de rapports qui permettraient de demander des comptes, les principaux responsables des différents accords peuvent nier avoir eu des comportements critiquables.

La conséquence pratique de ce processus opaque a été d'écarter la demande des pays en développement que l'OMC se concentre sur les questions de mise en œuvre, et a permis d'inscrire en priorité dans l'ordre du jour les préoccupations des grandes puissances : le lancement d'un nouveau round de négociations commerciales qui amèneraient sous la juridiction de l'OMC les questions hors du domaine strictement commercial comme les investissements, les règles concurrentielles, les marchés publics et toutes les mesures destinées à faciliter le commerce. C. Fred Bergsten, le partisan du libre-échange, a un jour comparé l'OMC et la libéralisation du commerce à une bicyclette : ça reste debout tant que ça avance. Doha a remis une fois de plus l'OMC debout, mais elle vacille toujours, car les pays en développement ont un fort ressentiment contre tout le processus opaque à l'aide duquel ils ont été bernés et qui les a conduits à signer une déclaration qui va contre leurs intérêts. La crise de légitimité de l'OMC n'est pas finie, et la non-transparence et l'absence de démocratie si évidentes à Doha vont sans doute encore l'aggraver.

6

Propositions de réforme de la gouvernance globale : une analyse critique

Un conseil de sécurité économique ?

AU-DELÀ des propositions de réforme de l'OMC et des institutions de Bretton Woods, l'une des idées les plus importantes avancées ces dernières années est la création d'un Conseil de sécurité économique (CSE), une suggestion associée à la Commission sur la gouvernance globale[1]. D'après la Commission, le CSE serait

1. Organisation sans statut officiel fondée en 1992, codirigée par le Premier ministre de Suède Ingvar Carlsson et l'ancien secrétaire général du Commonwealth Shridath Ramphal, bénéficiant du soutien officieux du secrétaire général des Nations unies. Elle publia en 1995 un rapport qui faisait des propositions visant à accroître le pouvoir des Nations unies aux dépens de la souveraineté de chaque État. *(N.d.T.)*

dans la hiérarchie des Nations unies au même niveau que le Conseil de sécurité et en serait indépendant.

Le CSE serait une sorte de directoire économique international – un « organisme suprême » qui servirait de « point de focalisation pour la gouvernance économique globale ». Une fonction clé de cet organisme

> serait de faire le lien entre les diverses institutions économiques internationales. Cela ne veut pas dire qu'il faudrait une direction centrale coordonnée de toutes les institutions mondiales de gouvernance économique sous son ombrelle. Ce ne serait ni faisable ni souhaitable. Ce qu'il faut, c'est un accord sur les objectifs, les rôles, les mandats…
>
> Sur le plan pratique, le CSE et son personnel travailleraient en étroite collaboration avec les personnels des institutions de Bretton Woods et du GATT-OMC, rompant l'isolation institutionnelle de ces institutions qui existe actuellement, et avec des organismes comme l'Organisation internationale du travail (OIT), afin de souligner la dimension sociale de ses fonctions[2].

---

2. Commission on Global Governance, « Our Global Neighborood », Oxford University Press, 1995, p. 161. Disponible sur Internet : http://www.sovereignty.net/p/gov/ogn-front.html

L'établissement du CSE serait accompagné de la « rationalisation » des institutions de Bretton Woods et des Nations unies, la Commission recommandant la fermeture de la CNUCED et de l'ONUDI et suggérant, si le CSE venait à exister, que « les gouvernements voudraient sans doute réexaminer la nécessité de poursuivre le travail des Comités de développement et d'intérim[3] ».

Depuis que l'idée en a été lancée en 1995, le CSE n'a pas reçu un grand soutien, que ce soit de la part des pays développés ou en développement. Un nouveau superorganisme dont une grande partie des membres serait des pays en développement et auquel les institutions de Bretton Woods et l'OMC devraient « rendre des comptes » n'allait pas soulever l'enthousiasme des pays développés. En même temps, la proposition que « les plus grandes économies mondiales en soient membres de droit » – tandis que d'autres ne feraient pas partie des vingt-trois pays le composant – n'était pas non plus pour plaire aux pays en développement.

En outre, les pays en développement n'aimaient pas l'idée d'abolir la CNUCED et de transférer ses fonctions à l'OMC[4], car la CNUCED avait, après tout, été l'un des rares

3. *Ibid.*
4. *Ibid.* pp. 280-281.

départements du système des Nations unies qui s'était toujours fait le champion des intérêts du tiers-monde. De façon tout aussi importante, il y avait le sentiment qu'à cause de la domination inévitable qu'exerceraient les pays développés, le superorganisme du CSE aurait simplement été une structure centralisant le contrôle de l'économie globale par les pays riches, particulièrement étant donné que le CSE aurait besoin de travailler en relation étroite avec les institutions de Bretton Woods et l'OMC, toutes dominées par les pays riches.

La proposition de la Commission Meltzer

Comme précédemment noté, le rapport de la Commission consultative sur les institutions financières internationales, plus connu sous le nom de « Rapport Meltzer », d'après son président Alan Meltzer, lança une attaque dévastatrice sur les performances de la Banque mondiale et du FMI qui apporta au plus grand nombre une confirmation éclatante de ce qu'une génération de critiques progressistes répétait depuis vingt-cinq ans[5]. Parmi

5. International Financial Institutions Advisory Commission Report to the US House of Representatives (rapport de la Commission consultative sur les institutions financières internationales

les conclusions les plus importantes du rapport se trouvent les suivantes :

- au lieu de promouvoir la croissance économique, le FMI institutionnalise la stagnation économique ;
- la Banque mondiale ne sert essentiellement à rien dans l'élimination de la pauvreté dans le monde ;
- les deux institutions obéissent dans une large mesure aux intérêts des institutions politiques et économiques clés des pays du G7 – plus particulièrement le gouvernement et les intérêts financiers américains ;
- la dynamique de chacune de ces institutions résulte moins des demandes externes de réduction de la pauvreté ou de promotion de la croissance que des impératifs internes de construction d'un empire bureaucratique.

Tout en gardant un langage diplomatique quand il parle du FMI, le rapport voit peu d'utilité à cette institution. Il montre que l'incursion du Fonds dans le domaine des

---

auprès de la chambre des représentants du Congrès des États-Unis), 8 mars 2000. La Commission Meltzer incluait des libéraux et des conservateurs, même si elle était dominée par les conservateurs. Le membre libéral le plus en vue était le professeur d'économie à Harvard, Jeffrey Sachs.

réformes macroéconomiques par le biais des ajustements a institutionnalisé la stagnation, la pauvreté et les inégalités économiques en Afrique et en Amérique latine dans les années quatre-vingt et quatre-vingt-dix.

Il confirme que l'objectif initial du Fonds, qui était d'assurer un ordre financier global stable, a déraillé à cause de sa recommandation sans discrimination que les pays d'Asie de l'Est libéralisent leur compte financier[6], de son habitude de mettre en place des plans de sauvetage financiers qui ont simplement encouragé « l'aléa moral » de prêts irresponsables et d'investissements spéculatifs, et de sa recommandation que soient mises en place des politiques fiscales et monétaires rigoureuses qui n'ont fait qu'aggraver la situation des pays frappés par la crise financière asiatique au lieu de les aider.

Le rapport recommande de mettre un terme aux programmes du Fonds comme la facilité d'ajustement structurel renforcée, maintenant devenue « facilité pour la réduction de la pauvreté et pour la croissance[7] », et de réduire la taille du FMI. De façon inexplicable, cependant, étant donné ses sévères critiques, il recommande que le FMI

---

6. Compte des mouvements de capitaux dans la balance des paiements. *(N.d.T.)*

7. Voir la fiche technique du FMI sur la FASR et la FRPC: http://www.imf.org/external/np/exr/facts/fre/esaff.htm *(N.d.T.)*

poursuive et renforce son rôle de « quasi-prêteur en dernier ressort » auprès des pays confrontés à une crise de liquidités. De l'aveu même de la Commission, c'est une tâche dont le FMI ne s'est pas bien acquitté par le passé. En outre, la recommandation de la Commission que les conditions pour obtenir des prêts soient resserrées contredit ses propres critiques sur « l'emploi des ressources du FMI et de la conditionnalité pour contrôler les économies des pays en développement[8] ».

Particulièrement contestable est la proposition de la Commission que le Fonds fournisse une assistance sous forme de liquidités, seulement aux pays qui « autorisent l'accès et des opérations libres aux institutions financières étrangères » au motif que ces entités, entre autres choses, « stabiliseraient et développeraient le système financier local ». Cela est problématique pour deux raisons. Premièrement, des institutions financières comme les fonds d'arbitrage, qui ont tiré le plus grand parti de la « liberté d'entrée et d'opérations », ont contribué à déclencher une crise financière après l'autre. Deuxièmement, forcer les pays à adopter les normes occidentales de libre-marché pour administrer les participations d'entreprises étrangères dans leurs filiales financières et leurs

8. *Ibid.*

opérations locales viole le premier principe fondamental auquel souscrit la Commission sur la réforme du FMI – c'est-à-dire « le souhait de s'assurer que les processus démocratiques et l'autorité souveraine sont respectés tant dans les pays emprunteurs que dans les pays prêteurs[9] ».

La contradiction entre la logique de l'analyse et la recommandation rappelle que la Commission est, après tout, un groupe nommé par le gouvernement américain, dont de nombreux membres sont issus du secteur bancaire, des *think tanks* conservateurs et des universités de l'*establishment*, tous très réticents à l'idée d'imposer de sérieuses restrictions globales sur la libre circulation des capitaux, même quand les informations dont ils disposent montrent à l'évidence le caractère destructeur de la mobilité sans entrave des capitaux.

Quand elle traite de la Banque mondiale, la Commission dépeint une institution imposante, qui est poussée à prêter plus par des impératifs institutionnels que par les besoins effectifs des pays destinataires, dont les projets et les programmes de prêts (dans le cadre d'ajustements structurels) ont un taux d'échec élevé, avec de médiocres capacités d'évaluation de la durabilité de ses projets, et qui intervient davantage en

9. *Ibid.*

concurrence qu'en soutien des banques régionales de développement.

La Commission propose de transformer la Banque mondiale en une Autorité mondiale pour le développement qui accorderait seulement des subventions et de l'assistance technique. Les activités de prêt de la Banque mondiale seraient quant à elles confiées aux banques régionales de développement.

Si l'on considère tout d'abord cette dernière proposition, l'évolution et la décentralisation sont d'excellents principes, mais elles ne sont pas des solutions si les institutions régionales ont les mêmes structures, modes opératoires et paradigmes de développement que la Banque mondiale. C'est certainement le cas de la Banque asiatique de développement – le même taux d'échec élevé – qui n'est pas plus tenue de rendre des comptes et qui suit la même logique macroéconomique que la Banque mondiale[10]. En résumé, les autres composantes du système d'aide multilatéral doivent aussi être restructurées, puisque ce sont des satellites gravitant autour de la Banque mondiale.

---

10. Voir *Profiting from Poverty : The ADB, the Private Sector, and Development in Asia*, Bangkok, Focus on the Global South, 2001 ; et *Profiting from Poverty : The ADB in Asia*, Bangkok, Focus on the Global South, 2000.

En ce qui concerne la proposition de transformer la Banque mondiale en une sorte d'agence concessionnaire de l'aide, ce n'est pas une solution puisque le problème n'est pas dans la fonction remplie par la Banque mais dans sa structure, son approche et son idéologie. Il est difficile d'imaginer qu'elle ne transférerait pas à la gestion de l'agence concessionnaire les mêmes problèmes qu'elle a rencontrés dans l'administration de ses prêts. En outre, l'Autorité mondiale pour le développement ne résoudrait pas le problème principal posé par la Banque mondiale et le système de Bretton Woods : le contrôle par les pays riches du processus de décision et de la gestion de l'aide.

Les propositions de la Commission Meltzer, bien que non dénuées de défauts, ne doivent pas être sous-estimées, car elles ont du poids dans l'administration du président Bush Junior, en particulier auprès de l'influent secrétaire au Trésor, Paul O'Neill.

Les tenants du « retour au système de Bretton Woods »

Le Rapport de la Commission Meltzer est issu de la droite de l'orthodoxie néoclassique. On trouve d'un autre côté, venant de la gauche ou, de manière plus convenable, du centre gauche, les propositions d'un grand nombre d'économistes et d'analystes politiques que faute de meilleur terme nous pourrions appeler l'école du « retour au système de Bretton Woods ».

Une réforme clé suggérée par cette école dans le domaine de la finance internationale serait de renforcer les contrôles sur les flux de capitaux au niveau global, sous la forme de la taxe Tobin ou de variantes de celle-ci[11]. La taxe Tobin est un impôt sur les flux de capitaux entrants et sortants dans tous les points clés de l'économie mondiale qui « jetterait du sable dans les rouages des mouvements globaux de capitaux[12] ». Les

11. Parmi des écrits dont on peut dire qu'ils appartiennent au sens large à ce point de vue se trouvent les suivants: CNUCED, « The Management and Prevention of Financial Crises », *Trade and Development Report 1998*; Dani Rodrik, « The Global Fix », *New Republic*, 2 novembre 1998 (téléchargé depuis Internet); John Eatwell et Lance Taylor, « International Capital Markets and the Future of Economic Policy », *CEPA Working Paper N° 9*, Center for Economic Policy Analysis (CEPA), New York, New School for Social Research, 1998; Roy Culpeper, « New Economic Architecture: Getting the Right Specs », remarques à la conférence, « The Asian Crisis and Beyond: Prospects for the 21st Century », Carleton University, Ottawa, 29 janvier 1999.

12. L'idée initiale de James Tobin, émise en 1972, était de taxer les conversions spot d'une devise dans une autre. L'applicabilité généralisée de cette idée aux mouvements internationaux de capitaux est controversée, ses critiques faisant observer que, dû à la nature même de l'argent, elle est facilement contournable: depuis l'époque des Croisés et des lettres de change, on peut « envoyer son or à l'étranger » sans qu'il traverse de frontières. *(N.d.T.)*

contrôles au niveau international peuvent être complétés pas des contrôles nationaux sur les entrées et sorties de capitaux. Un modèle pour une telle mesure était la décision du Chili que les investisseurs en portefeuille de titres seraient dans l'obligation de déposer jusqu'à 30 % de leur investissement dans un compte ne portant pas intérêt à la banque centrale pendant un an, dont on a dit qu'elle avait avec succès découragé les flux massifs d'investissements en portefeuille[13]. Certains auteurs dissimulent difficilement leur admiration pour l'ensemble de mesures strictes destinées à restreindre la fuite des capitaux qui furent imposées par le Premier ministre malais Mahathir bin Mohamad en 1998. Parmi ces mesures, il y avait la fixation du taux de change, le retrait de la devise locale de la circulation internationale, et un verrouillage d'un an des capitaux déjà dans le pays[14].

Outre les contrôles aux niveaux national et international, les partisans de cette idée considèrent aussi les contrôles régionaux comme désirables et faisables. Le Fonds monétaire

---

13. L'exigence de réserve a été ramenée à 0 % en octobre 1998, prétendument car les flux spéculatifs avaient considérablement baissé à cause de la crise financière asiatique.

14. Voir par exemple Culpeper, « New Economic Architecture... »

asiatique (FMA) est vu comme une proposition attrayante et réalisable sur le plan pratique qu'il faut réactiver. Le FMA a été proposé par le Japon au plus fort de la crise financière asiatique en tant que *pool* de réserves en devises étrangères, qui proviendraient des pays asiatiques riches, afin de servir à repousser les attaques spéculatives sur les devises asiatiques. Sans surprise, Washington opposa son veto.

Les motivations pour ces contrôles internationaux, nationaux et régionaux sont pour une part d'empêcher les vagues déstabilisantes d'entrée et de sortie de capitaux, et d'autre part de déplacer les flux d'investissement d'acquisitions à court terme en portefeuille vers des investissements directs (IDE) et des prêts à long terme. Pour certains, les contrôles sur les capitaux ne sont pas simplement des mesures de stabilisation, mais des outils stratégiques, au même titre que les tarifs et les quotas, dont l'emploi est justifié par la volonté d'influer sur le mode et le degré d'intégration du pays dans l'économie globale. En d'autres termes, les contrôles sur les capitaux et les échanges commerciaux sont des instruments légitimes des politiques commerciale et industrielle ayant pour objectif le développement industriel national.

En ce qui concerne la Banque mondiale, le FMI et l'OMC, cette école prône la réforme de ces institutions vers plus de comptes à rendre, plus de transparence, un plus grand rôle des gouvernements des pays en développement dans les processus de décision, et moins de soutien doctrinaire au libre-échange et à la libéralisation des comptes financiers. Contrairement au G7, les défenseurs de cette idée voient la fonction du Fonds non pas comme un outil pour discipliner les gouvernements trop dépensiers, mais pour injecter plus de liquidités dans les économies en crise, sans les conditions restrictives qui à l'heure actuelle accompagnent les activités de prêt du FMI. Certains analystes recommandent l'établissement d'une Autorité financière mondiale (AFM). La tâche principale de l'AFM, dans l'une des formulations, serait de définir et d'imposer des régulations sur les flux globaux de capitaux et de servir de « forum au sein duquel les règles de coopération financière internationale sont élaborées et mises en œuvre [...] à l'aide d'une coordination effective des activités des différentes autorités monétaires nationales[15] ».

Il a aussi été suggéré l'établissement d'un « Système global de gestion des faillites [...] qui superviserait et administrerait les faillites faisant intervenir des créances transfrontières » et qui « aborderait le problème des faillites avec un

15. Eatwell et Taylor, p. 14.

point de vue équilibré entre les intérêts des créanciers et ceux des débiteurs, avec la reconnaissance que [...] des procédures spéciales doivent être conçues quand il s'agit de faillites systémiques, où les coûts macroéconomiques d'un retard dans la réorganisation peuvent être très élevés[16] ». Contrairement à la proposition du directeur exécutif du FMI Anne Krueger cependant, ce mécanisme serait en dehors du FMI.

Tout en proposant de nouvelles institutions, cette école considère néanmoins que le Fonds, la Banque mondiale et l'OMC doivent continuer à être les institutions centrales d'un régime réglementaire mondial. Malgré ses critiques virulentes contre le FMI, Stiglitz, par exemple, écrit même que « plutôt que de créer de nouvelles institutions, il serait préférable de renforcer les institutions internationales existantes[17] ». Elles doivent cependant rendre plus de comptes, fonctionner de manière plus transparente, et ne doivent pas imposer à tous les pays un modèle unique pour le commerce et les investissements. Plutôt que d'emprisonner les pays dans un même « modèle-convenant-à-tous », elles doivent offrir un cadre

---

16. Joseph Stiglitz, « An Agenda for the G7 », propositions présentées à la conférence « 2020 Visions », Dunsmuir Lodge, Victoria, Colombie britannique, Canada, 29-31 août 2001.

17. *Ibid.*

qui permettrait une intégration globale tenant mieux compte des particularités de chacun, qui permettrait aussi des flux d'échanges commerciaux et d'investissements plus importants, mais en même temps ferait de la place aux différences nationales dans l'organisation du capitalisme global.

Une vision d'un système réformé de gouvernance multilatérale est esquissée par Ann Florini, analyste senior à la *Carnegie Endowment for International Peace* (Dotation Carnegie pour la paix internationale). Se projetant en 2020 et regardant en arrière depuis ce point de vue, elle esquisse ce que serait pour elle un résultat souhaitable :

> On s'accorde largement à reconnaître que l'expérience des vingt dernières années, marquées par toujours plus de conditionnalité attachée aux prêts par les institutions financières internationales, est un échec car ces clauses ont engendré une amertume et n'ont pas servi à grand-chose. La Banque mondiale fait maintenant peu de prêts, fournissant la plus grande partie de son aide sous forme de subventions et d'assistance technique. Le FMI sert toujours de prêteur en dernier ressort au système international, mais ses conditions sont maintenant des exigences de résultat définies de façon générale (par exemple, détenir des réserves internationales au-delà d'un certain niveau) sans imposer des

prescriptions strictes sur la façon dont les pays doivent parvenir à ces résultats. Une partie des négociations entre le FMI et les représentants des pays est encore souvent confidentielle, mais il n'y a plus de discussions entièrement secrètes entre les équipes du FMI et les fonctionnaires des différents ministères des Finances. Le mécanisme de résolution des contentieux de l'OMC a aussi beaucoup évolué. Il prend maintenant en compte plus d'éléments pour décider si une mesure donnée est réellement de nature protectionniste ou si elle est légitime, avec un but autre que le commerce. La volonté d'éliminer toutes les réglementations nationales qui pouvaient entraver le commerce ou les investissements étrangers a cédé la place à une approche plus équilibrée qui donne une égale importance à d'autres objectifs[18].

Ainsi que l'a dit Dani Rodrik, un professeur influent de politique économique à Harvard, le système multilatéral idéal apparaît comme un retour au système originel de Bretton Woods conçu par Keynes, et qui régna de 1945 jusqu'au milieu des années soixante-dix, années durant

---

18. Ann Florini, « A Scenario for Running the World », document préparé pour la conférence « 2020 Visions », Dunsmuir Lodge, Victoria, Colombie britannique, Canada, du 29 au 31 août 2001.

lesquelles « les règles laissaient suffisamment de marge pour que les programmes nationaux de développement puissent se dérouler avec succès mais selon des voies divergentes[19] ». En d'autres termes, un « régime de coexistence pacifique entre les capitalismes nationaux[20] ».

Comme on pouvait s'y attendre, cette perspective « keynésienne globale » a été accueillie à bras ouverts par les économistes et technocrates des pays en développement, par les économies asiatiques dévastées et par le système des Nations unies, qui est le refuge bien connu des keynésiens ayant fui la contre-révolution néolibérale à la Banque mondiale et dans les universités.

Certaines des innovations institutionnelles proposées par cette école, comme le système de contrôle des capitaux à plusieurs niveaux – local, national et régional –, méritent tout à fait d'être prises en considération. De plus, son plaidoyer pour laisser davantage d'espace au déploiement de stratégies nationales de développement distinctes est certainement un pas dans la bonne direction. Cependant, l'école du « retour au système de Bretton Woods » ne répond pas entièrement aux questions centrales. La Banque

19. Dani Rodrik, « The Global Fix : A plan to save the world economy. », *The New Republic*, 2 novembre 1998.
20. *Ibid.*

mondiale, l'OMC et le FMI peuvent-ils réellement être transformés afin de permettre à une telle diversité de s'épanouir ? Ces institutions sont-elles encore les bonnes institutions d'un système de gouvernance économique global pour une économie internationale construite sur des principes différents de ceux qui sont à l'heure actuelle ses piliers idéologiques ? Et, étant entendu que le système global pré-années quatre-vingt offrait plus d'espace pour des voies de développement différentes que le système post-années quatre-vingt, veut-on vraiment revenir à ce système ?

Le système alternatif de George Soros

Certaines des propositions de l'école du « retour-au-système-de-Bretton-Woods » font écho à celles de George Soros, le financier qui s'est récemment rendu célèbre par sa critique du système financier global, en particulier son analyse sans merci du paradigme du « fondamentalisme de marché » qui l'étaye. Son livre le plus récent, *On Globalization*, est une critique réfléchie du système actuel de gouvernance économique globale. Il propose aussi un vaste et ambitieux plan pour réformer l'OMC, le FMI et le système international d'assistance.

Soros est peut-être le plus ferme quand il traite de l'OMC. Contrairement à beaucoup d'autres partisans d'une réforme de la gouvernance globale, telle que la Confédération internationale des syndicats libres (CISL), Soros ne recommande pas d'ajouter des amendements comme par exemple des clauses sociales liées à l'emploi ou à la charte de l'OMC. Ce n'est cependant pas pour les raisons avancées par de nombreux critiques de l'OMC, selon lesquels cela donnerait simplement encore plus de pouvoir à une organisation déjà extrêmement puissante, puisque l'OMC aurait alors mandat pour être le juge ultime sur les questions liées au commerce ou à l'emploi. Soros soutient la mission de l'OMC de promouvoir « la libéralisation du commerce international dans le cadre de règles » et estime que l'OMC « remplit sa mission brillamment[21] ». Selon Soros, cela surchargerait l'OMC avec une tâche qu'elle n'est pas équipée pour accomplir, tout en l'empêchant de remplir sa fonction principale qui est la libéralisation du commerce global. D'autres institutions devraient être soit renforcées soit créées afin de promouvoir ce que Soros appelle « les biens publics globaux », tels que le droit du

---

21. George Soros, *On Globalization*, New York, Public Affairs, 2002, p. 12.

travail, l'environnement, la sécurité des consommateurs et la santé publique. L'Organisation internationale du travail (OIT), par exemple, doit être renforcée par rapport à l'OMC, le point de départ est de contraindre les gouvernements à ratifier les conventions de l'OIT. La société civile, plaide-t-il, devrait faire pression sur le gouvernement américain, par exemple, qui n'a ratifié que treize des 182 conventions de l'OIT et seulement deux des huit « normes fondamentales du travail[22] ».

Cette approche prometteuse consistant à encourager la création ou le renforcement d'institutions qui feraient pendant à l'OMC et se consacreraient au bien public est toutefois limitée par son incapacité à tirer les conséquences politiques de son analyse. De façon inexplicable, il ne propose pas de doter ces institutions de pouvoir coercitif, limitant leur rôle à encourager « l'adhésion volontaire[23] ». De fait, le problème n'est pas le manque d'institutions pour contrebalancer l'OMC – il existe des quantités d'accords multilatéraux et d'organisations traitant de l'environnement ; ce qui manque, c'est le pouvoir de coercition. À l'inverse, l'OMC dispose de pouvoirs coercitifs formels, quand le FMI et la

22. *Ibid.*, p. 40.
23. *Ibid.*, p. 38.

Banque mondiale possèdent un pouvoir coercitif informel, conséquence des ressources financières gigantesques qu'ils contrôlent.

En ce qui concerne la Banque mondiale, les propositions de réforme émises par Soros sont encore plus discutables. Selon lui, la proposition de la Commission Meltzer de transformer la Banque mondiale en une Autorité mondiale pour le développement spécialisée dans la distribution de subventions aux pays les plus pauvres n'est pas recevable car « les pays dits à revenus intermédiaires comme le Brésil – et même la Chine – ont une distribution des revenus très inégale et des besoins sociaux très importants[24]. » Il plaide aussi en faveur de James Wolfensohn à qui il faut donner une chance de pouvoir mettre en œuvre les réformes comme le Cadre de développement global[25] ou les Documents de stratégie pour la réduction de la pauvreté (DSRP)[26]. Les opérations de prêt doivent être réformées, il devrait y avoir davantage de consultations auprès de représentants de la société civile, il devrait être mis un terme aux prêts à des régimes répressifs ou

---

24. *Ibid.*, p. 103.

25. *Comprehensive Development Framework* (CDF), mis en place par la Banque mondiale en 1998. *(N.d.T.)*

26. *Poverty Reduction Strategy Papers* (PRSP), élaborés conjointement par la Banque mondiale et le FMI en 1999. *(N.d.T.)*

corrompus, les directeurs devraient être plus indépendants des gouvernements qu'ils représentent, et il faudrait prendre des mesures afin que les équipes internes ne dominent pas le fonctionnement de l'institution, par exemple en imposant une limite de cinq ans sur les contrats de travail au sein de la Banque.

Le problème avec nombre de ces réformes est qu'on en parle depuis trente ans, depuis l'époque de la présidence de Robert McNamara, mais rien n'a changé. Comme l'a reconnu Soros lui-même en d'autres occasions, les performances de la Banque se sont simplement détériorées et la bureaucratie est devenue immuable[27]. Le Cadre pour un développement global et les DSRP n'ont pas été accompagnés par un changement dans le vieux paradigme macroéconomique guidant aussi bien la Banque mondiale que les programmes d'ajustement structurel du FMI, qui met l'accent sur l'efficacité économique définie dans un sens étroit, sur plus de marché et sur la stabilité fiscale et monétaire. Des consultations avec des groupes issus de la société civile ont effectivement eu lieu sous Wolfensohn, mais cela n'a pas consisté en beaucoup plus qu'un exercice de relations publiques, dont la principale conséquence a été de

---

27. Communication personnelle, Prague, 23 septembre 2000 ; Budapest, 18 octobre 2001.

causer la suspicion vis-à-vis de la Banque, de la part de nombreuses ONG de terrain qui en ont déduit que la Banque les tenait à l'écart comme « déraisonnables » et ne traitait qu'avec les « raisonnables ».

Quant à donner une chance à Wolfensohn, il s'agit d'un pari sur une personne. Et il peut difficilement apparaître crédible aux yeux des pro-réformes qui ont déjà attendu une décennie, depuis la nomination de Wolfensohn à la tête de la Banque mondiale, pour que des changements se déroulent. Les critiques soulignent que le régime Wolfensohn rappelle à de nombreux égards celui de Robert McNamara, avec les mêmes rhétoriques et stratégies « antipauvreté » et les mêmes maigres résultats en termes de programmes d'aide effective.

En définitive, Soros reconnaît que conserver la Banque mondiale n'est qu'une mesure temporaire destinée à repousser les attaques de la droite contre l'aide multilatérale, et gagner ainsi du temps pour mettre en place un meilleur mécanisme d'aide[28]. Ce mécanisme consisterait en l'émission de Droits de tirage spéciaux (DTS)[29] par le biais du FMI et en la participation des pays riches à un fonds de

28. Communication personnelle, Budapest, 18 octobre 2001.

29. Les DTS sont une monnaie émise par le FMI, comme le fait n'importe quelle banque centrale, en échange de dépôts ou de reconnaissances de dettes. Ils existent depuis 1969, mais n'ont jamais servi de devise internationale circulant dans le monde. *(N.d.T.)*

développement. Dans cette optique, les DTS ne serviraient pas seulement de devise de réserve, mais seraient de vrais actifs destinés à être utilisés pour des objectifs de développement. Si les pays riches acceptaient de traiter les DTS comme de vrais actifs et de consacrer une part de leurs nouveaux DTS à l'aide internationale, déclare Soros, on disposerait immédiatement de l'équivalent de quelque 18 milliards de dollars sous forme d'une nouvelle émission de DTS déjà approuvée par le FMI et n'attendant plus que la ratification du Congrès américain.

Dans le cadre de cette proposition, un « bureau international fonctionnant sous l'égide du FMI mais indépendant de lui » serait mis sur pied afin de décider quels projets et quels programmes seraient éligibles pour du financement. Le bureau n'aurait aucune autorité sur la façon dont les fonds seraient dépensés; il « préparerait seulement un menu à la carte dans lequel les donateurs seraient libres de choisir, créant une sorte de marché entre donateurs et programmes, entre l'offre et la demande[30] ».

Créer de la monnaie pour payer l'aide semble la solution parfaite. Mais le problème fondamental est que cela met trop l'accent sur le volume de

30. Soros, pp. 78-79.

l'aide comme facteur clé du développement, plutôt que sur les conditions et la mise en œuvre de celle-ci. Soros parle favorablement du rapport des Nations unies préparé par le président mexicain Ernesto Zedillo qui appelle à une augmentation de 50 milliards de dollars de l'aide. Soros est victime du même mythe qui a aussi piégé Robert McNamara : que la pauvreté peut être résolue en lui jetant de l'argent. Le paradigme sous-tendant les programmes d'aide est un déterminant beaucoup plus important du succès, et il est absent des propositions de Soros, à l'exception de la mention d'un plus grand rôle des organisations issues de la société civile dans la distribution de l'aide.

La proposition de Soros, en outre, ne résout pas l'un des problèmes clés du système de Bretton Woods, qui est la mainmise des pays riches sur les processus de décision. Les donateurs de DTS – c'est-à-dire les pays de l'OCDE – seraient encore ceux qui décident quels programmes ou projets méritent d'être soutenus. Comme c'est le cas aussi pour l'Autorité mondiale pour le développement, proposée par la Commission Meltzer, le déséquilibre massif entre les pouvoirs, qui est au cœur du système de Bretton Woods d'aide multilatérale, n'est pas éliminé. En effet, aucune représentation de pays en développement n'étant assurée – que ce soit au sein du bureau proposé ou du consortium des apporteurs de fonds –, le résultat pourrait être encore pire dans cette « sorte de marché » que dans le système actuel.

En ce qui concerne le FMI, les critiques de cette institution formulées par Soros sont articulées de façon maintenant familière : le Fonds a poussé au développement des marchés des capitaux des économies asiatiques avant qu'elles n'y soient préparées, créant ainsi les conditions pour la crise asiatique ; et quand celle-ci est effectivement arrivée, le Fonds a encouragé des politiques procycliques, comme des budgets rigoureux et des taux d'intérêt élevés, qui ont aggravé la crise. Soros reconnaît qu'il est partiellement d'accord avec la critique des conservateurs selon lesquels les interventions passées du FMI ont créé un « aléa moral », mais il ajoute que c'était dans une large mesure inévitable dans le but d'attirer des capitaux privés vers les pays en développement, car sans incitations au-delà des mécanismes de marché les capitaux ne seraient pas allés vers ces pays[31].

Pour défendre le Fonds, l'argument de Soros, selon lequel il est nécessaire d'attirer les capitaux vers le monde en développement ne fonctionne

31. *Ibid.*, p. 115.

pas à deux égards. Premièrement, étant donné la profitabilité limitée des capitaux dans leurs économies d'origine au début des années quatre-vingt-dix, ces capitaux n'avaient d'autre choix que de migrer vers des zones considérées comme offrant de meilleures possibilités de profit ; en d'autres termes, il est vraisemblable qu'ils y seraient allés avec ou sans programmes locaux du FMI pour les attirer. Les exemples de la Malaisie, de Singapour, de Hong Kong, de la Chine et de Taïwan – qui n'avaient aucun programme du FMI, ou des programmes insignifiants – corroborent cette analyse.

Deuxièmement, le genre de capital encouragé à aller vers les marchés des capitaux des pays en développement, grâce à la possibilité de sauvetage du FMI au cas où les investissements seraient des échecs, était un capital spéculatif, attiré essentiellement par les taux d'intérêt élevés, et les investissements à retour rapide comme les titres financiers et l'immobilier. Ce n'est pas le genre de capital qui contribue au développement. La dynamique des investissements directs étrangers, impliquant un engagement stratégique dans l'économie, ne dépend pas des garanties du FMI.

L'importance qu'il accorde au Fonds comme mécanisme pour diriger les capitaux vers le monde en développement explique pourquoi Soros est en faveur d'un renforcement du FMI, en dépit de ce qu'il reconnaît comme son piètre bilan dans le monde en développement. Certaines des réformes que Soros voudrait voir mises en place sont viables. « Aider les prêteurs à rester[32] » plutôt qu'à partir – c'est-à-dire les faire participer au financement du programme de sauvetage et leur imposer d'accepter des pertes éventuelles dans le processus – en est une. Mettre en place un mécanisme international de faillite qui protégerait le débiteur et permettrait une solution ordonnée à la fois de relance de l'économie du débiteur et de recouvrement des actifs du créancier en est une autre, quoique Soros subvertisse à nouveau sa proposition en en confiant l'initiative au FMI[33].

Cependant, mettre en place une ligne de crédit préventive (LCP) à laquelle les pays ayant une « bonne politique » pourraient avoir recours avant qu'une crise n'éclate n'est pas sain, cela pour deux raisons déjà soulignées par d'autres critiques et qui n'ont pas échappé à Soros : d'une part, peu de pays oseraient faire appel à la LCP de crainte de révéler aux investisseurs une crise imminente et

---

32. Les programmes classiques de sauvetage, permettant aux créanciers étrangers de retirer leur mise avec un minimum de perte, s'appellent en anglais « *bail out* ». Les partisans de la solution alternative consistant à les aider à rester ont forgé pour cela le terme de « *bail in* ». *(N.d.T.)*

33. *Ibid.*, pp. 132-147.

créer ainsi les conditions d'un sauve-qui-peut ; d'autre part, la capacité du FMI à distinguer une bonne politique d'une mauvaise.

On est donc revenu au problème fondamental. Le Fonds repose sur un paradigme qui donne un bonus à la stabilité macroéconomique, à des conditions juridiques et politiques qui favorisent les intérêts des capitaux étrangers, et au fonctionnement sans restriction des marchés. Ce paradigme, couplé à la propension du Trésor américain à utiliser le FMI pour faire avancer les intérêts de l'économie et des grandes entreprises américaines, est au cœur de la succession d'échecs du Fonds dans le monde en développement. Donner encore plus de pouvoir au Fonds, comme lui fournir le financement de la LCP ou lui confier l'administration du régime international de faillite, revient à récompenser l'échec. Comme la Commission Meltzer, Soros commence en critiquant les politiques erronées du Fonds, mais finit en déclarant qu'« il a besoin de jouer un rôle encore plus important et non pas moindre[34]... » Comme la Commission Meltzer, Soros ne pousse pas son analyse jusqu'à sa conclusion logique : l'abolition.

34. *Ibid.*, p. 115.

7

L'alternative : la déglobalisation

LA CRISE qui déchire le système de gouvernance économique global actuel est systémique. Il ne s'agit pas d'une crise que l'on peut résoudre avec des ajustements à l'intérieur du système seulement, car leur impact serait marginal ou ils repousseraient simplement un peu plus l'avènement d'une crise encore plus forte. On peut dire, en empruntant les idées exposées par Thomas Kuhn dans son classique *La Structure des révolutions scientifiques*, que quand un paradigme est en crise, il y a deux réponses possibles. L'une est celle qui fut choisie par les partisans du vieux paradigme ptolémaïque[1], quand ils firent des ajustements de plus en plus

1. Dans le paradigme ptolémaïque, tous les astres du ciel tournent autour de la Terre. *(N.d.T.)*

compliqués à leurs explications du mouvement apparent des astres jusqu'à ce qu'elles deviennent trop complexes et virtuellement inutiles pour promouvoir le progrès scientifique. C'est l'approche suivie par la plupart des propositions habituelles de réforme examinées dans ce livre.

L'autre voie fut choisie par les partisans du système copernicien. Elle consistait à rompre avec le vieux paradigme et à travailler au sein du modèle proposé par son concurrent, qui pouvait non seulement expliquer des données aberrantes[2] plus simplement, mais aussi révéler de nouveaux problèmes très intéressants[3]. C'est la direction proposée par ce livre.

Contrairement à la science, cependant, quand il s'agit de gouvernance économique globale, rompre avec le passé est une affaire bien plus compliquée. Dans les changements sociaux, les nouveaux systèmes ne peuvent réellement être construits de façon effective sans affaiblissement de l'emprise des anciens systèmes, lesquels ne restent pas sans réagir devant la remise en question de leur hégémonie. La crise de légitimité

---

2. Dans le paradigme copernicien, la Terre et les autres planètes tournent autour du soleil. Il permet d'expliquer simplement par exemple des planètes rebroussant apparemment chemin. *(N.d.T.)*

3. Voir Thomas Kuhn, *The Structure of Scientifique Revolutions*, Chicago, University of Chicago Press, 1971. Traduction par Laure Meyer disponible chez Champs/Flammarion.

est une étape critique dans l'affaiblissement des structures courantes, mais elle ne suffit pas. La vision d'un monde nouveau peut être fascinante, mais elle restera abstraite si elle n'est pas accompagnée d'une stratégie volontariste pour la réaliser. Et un des volets de cette stratégie consiste à démonter l'ancienne vision.

C'est pourquoi une stratégie de *déconstruction* doit nécessairement être menée en parallèle à une stratégie de *reconstruction.*

La déconstruction

Les grandes manifestations de ces dernières années contre la mondialisation au service des grandes entreprises exprimaient la demande stratégique légitime que l'on démantèle l'OMC et les institutions de Bretton Woods. Encourager cette demande et rassembler de plus en plus de gens derrière elle a été fondamental pour provoquer la crise de légitimité de ces institutions.

Tactiquement, toutefois, il serait important d'essayer de canaliser les différentes coalitions vers de larges objectifs plus acceptables, qui pourraient néanmoins avoir un impact important en termes de réduction drastique du pouvoir de ces institutions ou en les dépouillant de leurs moyens. Dans le cas du FMI, par exemple, une demande qui a le potentiel pour rassembler un vaste front de partisans est de le convertir en une agence de recherche sans pouvoir politique, avec seulement la tâche de surveiller les mouvements de capitaux globaux et les taux d'intérêt – en d'autres termes, le transformer en une institution consultative et de recherche dans le genre de l'Organisation pour la coopération et le développement économiques (OCDE)[4].

Dans le cas de la Banque mondiale, rassembler en un combat unique la demande qu'il soit mis fin à ses fonctions de prêteur et que ses activités de subvention soient confiées à des institutions régionales appropriées, caractérisées par des processus de participation (qui élimineraient en tant qu'alternatives la Banque asiatique de développement et d'autres banques de développement actuelles), pourrait servir de moyen d'unification de forces politiques diverses et représenter un grand pas vers la réduction effective de ses pouvoirs. Ces actions pourraient être combinées avec des campagnes pour boycotter les titres obligataires de la Banque mondiale, pour refuser l'allocation de nouvelles ressources à l'Association internationale pour le

4. Un autre exemple, issu du système financier, est la Banque des règlements internationaux, à Bâle. *(N.d.T.)*

développement (AID), et pour s'opposer à la demande d'augmentation des quotas du FMI. Contrairement à l'approche de Soros, l'objectif de ces efforts multidimensionnels ne serait pas de réformer, mais de réduire de manière drastique les pouvoirs juridictionnel et financier des institutions de Bretton Woods.

Compte tenu de son caractère central et unique en tant qu'institution globale, c'est l'OMC qui doit cependant être la cible principale de cette entreprise de déconstruction. C'est particulièrement important à la veille de la cinquième conférence ministérielle[5] de l'organisation la plus puissante de différentes institutions multilatérales de gouvernance globale.

La stratégie de l'entreprise de déconstruction doit répondre aux besoins du moment dans le combat contre la globalisation au service des grandes entreprises. Cela ne peut être établi qu'en identifiant les objectifs stratégiques, en évaluant précisément le contexte ou la conjoncture globale, et en élaborant une stratégie effective ainsi qu'une liste de tactiques qui réponde aux particularités de la conjoncture.

Dans le combat contre la globalisation au service des grandes entreprises, il semble clair que

5. Cancún, Mexique, septembre 2003. *(N.d.T.)*

l'objectif stratégique doit être d'arrêter ou de faire reculer la libéralisation promue par l'OMC dans le commerce et les domaines connexes. Le contexte, ou « conjoncture », est caractérisé par une victoire fragile des partisans du libre-marché global à la quatrième conférence ministérielle à Doha, où les pays en développement ont été matraqués jusqu'à ce qu'ils acceptent que les discussions ne portent que sur des sujets limités à une libéralisation accrue dans l'agriculture, les services et les tarifs industriels. La conjoncture est marquée par les efforts des « globaliseurs » afin de créer un élan qui permette, lors de la cinquième conférence au Mexique, de lancer des négociations pour la libéralisation dans ce qu'il est convenu d'appeler les aspects commerciaux de l'investissement, de la politique concurrentielle, des marchés publics et de la facilitation des échanges. Leur but est que la cinquième conférence étende l'ensemble limité de négociations qu'ils ont obtenues à Doha à un round de négociations globales qui serait de même ampleur que l'Uruguay Round.

Cette expansion du mandat de libéralisation du marché et l'expansion des pouvoirs juridictionnels de l'OMC, qui est à l'heure actuelle l'instrument multilatéral le plus puissant entre les mains des grandes entreprises globales, représentent une menace mortelle pour le développement, la justice sociale et l'équité, et l'environnement. C'est ce projet que nous devons empêcher à tout prix, car nous pouvons aussi bien dire adieu au développement durable, à la justice sociale, l'équité et l'environnement, si les grands pouvoirs commerciaux et leurs élites dans les grandes entreprises obtiennent ce qu'ils veulent et lancent un autre round global pour la libéralisation durant la cinquième conférence ministérielle de l'OMC au Mexique en 2003.

Étant donné l'objectif stratégique de stopper ou faire reculer la libéralisation des échanges, l'objectif de campagne sur lequel le mouvement contre la globalisation au service des grandes entreprises doit concentrer ses efforts et ses énergies est extrêmement simple : faire dérailler la poussée vers plus de libre-échange à la cinquième conférence, qui servirait de mécanisme clé pour faire avancer ce dernier.

Comme noté précédemment, le partisan du libre-échange, C. Fred Bergsten, chef du Institute of International Economics (IIE), a comparé le libre-échange et l'OMC à une bicyclette : ils tombent s'ils n'avancent pas. C'est pourquoi Seattle fut une menace tellement létale pour l'OMC et les globaliseurs furent aussi déterminés à obtenir un mandat pour la libéralisation à Doha. S'ils avaient raté Doha, l'avenir vraisemblable n'était pas le *statu quo* mais un recul par rapport au libre-échange. Pour le mouvement contre la globalisation au service des grandes entreprises, faire dérailler la cinquième conférence ou empêcher un accord pour lancer un nouveau round de négociations étendues voudrait dire non seulement forcer l'OMC mais également le libre-échange à arrêter leur progression. Cela signifierait créer un élan pour faire reculer le libre-échange et pour réduire les pouvoirs de l'OMC. Cette possibilité est bien comprise entre autres par *The Economist*, qui a prévenu ses lecteurs du monde des affaires que « la globalisation est réversible ».

Si faire dérailler la poussée pour plus de libre-échange à la cinquième conférence ministérielle est bien l'objectif stratégique, alors la tactique devient claire : *la prise de décision par consensus est le talon d'Achille de l'OMC, c'est donc l'émergence d'un consensus que nous devons à tout prix empêcher.*

Avant la cinquième conférence ministérielle, le mouvement contre la globalisation au service des grandes entreprises doit faire des efforts pour s'assurer que les pays ne parviennent à un accord dans aucun des domaines où des négociations sont en cours ou sur le point de démarrer, c'est-à-dire, l'agriculture, les services et les tarifs industriels ; et à la conférence elle-même, empêcher tout consensus d'émerger sur les négociations concernant les nouvelles questions des marchés publics, de la politique concurrentielle, de la facilitation de l'investissement et du commerce. L'objectif doit être, comme à Seattle, que les délégués aillent à la conférence ministérielle avec une déclaration « solidement encadrée » – c'est-à-dire où il n'y a de consensus sur aucune des questions clés – et à la conférence elle-même, empêcher un consensus de dernière minute d'être atteint par des discussions de maquignons. Comme à Seattle, le but ultime est que la conférence ministérielle s'achève dans le désaccord et l'absence de consensus.

Si l'objectif est de faire sortir de ses gonds le plan pour plus de libre-échange à la cinquième conférence ministérielle, alors le mouvement d'opposition à la globalisation au service des grandes entreprises a sa voie tracée. Nous devons déployer une stratégie en plusieurs axes parmi lesquels :

- dénouer l'alliance entre le représentant américain au Commerce Robert Zoellick et le commissaire au Commerce de l'Union européenne Pascal Lamy, en exacerbant les contentieux entre les États-Unis et l'Union européenne sur les subventions de l'Europe à l'agriculture, l'échec de l'administration Bush pour obtenir du Sénat américain un blanc-seing dans les négociations, l'imposition par Washington de tarifs protectionnistes sur l'acier et la résurgence de l'unilatéralisme commercial de sa part, les exportations américaines de bœuf aux hormones et d'organismes génétiquement modifiés (OGM);

- intensifier nos efforts pour aider les délégations des pays en développement à maîtriser les procédures de l'OMC et élaborer des stratégies effectives pour bloquer l'émergence d'un consensus dans les domaines choisis en priorité par les partenaires commerciaux, et réaffirmer la priorité des questions de mise en œuvre;
- travailler avec les mouvements nationaux, comme les mouvements paysans pour la souveraineté alimentaire du Sud et les mouvements citoyens au Nord, pour exercer une pression massive sur leurs gouvernements afin qu'ils refusent toute libéralisation supplémentaire dans l'agriculture, les services et les autres domaines en cours de négociation;
- coordonner habilement les protestations globales, les actions de masse dans la rue là où se tient la conférence ministérielle, et faire du lobbying à Genève pour créer une masse critique globale avec une dynamique dans la phase préparatoire à la conférence.

La tâche est immense et nous n'avons pas beaucoup de temps. Mais nous n'avons pas le choix. Les puissances commerciales et l'OMC ont tiré les leçons de Seattle, et elles ont remis d'aplomb et relancé la bicyclette de l'OMC à Doha. De même, nous devons apprendre de Doha afin que nous puissions à nouveau faire tomber la bicyclette au Mexique. Et parmi les leçons fondamentales à retenir, il y a que notre coalition doit avoir une stratégie coordonnée conduisant le travail que nous menons sur plusieurs fronts, niveaux et dimensions vers son but unique : enrayer la poussée pour plus de libéralisation à la cinquième conférence ministérielle.

Déglobaliser dans un monde pluraliste

En parallèle à la campagne de déconstruction, nous devons conduire le processus de reconstruction – c'est-à-dire l'entreprise – consistant à mettre en place un système alternatif de gouvernance globale.

Il y a un besoin criant pour un système alternatif. On rencontre fréquemment l'idée qu'une réflexion sur un système alternatif de gouvernance globale serait une nouveauté. En réalité, la plupart des principes fondateurs d'un ordre alternatif ont été formulés depuis longtemps. Il s'agit maintenant d'appliquer ces principes à des sociétés concrètes d'une manière qui respecte leur diversité.

Un effort collectif de travail sur des alternatives a été mené et est toujours en cours, auquel beaucoup ont contribué au Nord comme au Sud. Les points clés de cet effort collectif peuvent être synthétisés en un double mouvement de « déglobalisation » de l'économie nationale et de construction d'un « système pluraliste de gouvernance économique globale ».

Le contexte pour la discussion de la déglobalisation est le constat de plus en plus évident non seulement de la pauvreté, des inégalités et de la stagnation qui ont accompagné le développement des systèmes globaux de production, mais aussi leur caractère non durable et leur fragilité. Le Forum international sur la mondialisation (FIM) souligne par exemple que

> la nourriture consommée dans une assiette représentative, dans les pays occidentaux industrialisés important des denrées alimentaires, a parcouru en moyenne trois mille kilomètres entre la source et l'assiette. Chacun de ces kilomètres a contribué aux crises sociale et environnementale de notre époque. Raccourcir la distance entre le producteur et le consommateur est l'un des objectifs cruciaux de

réforme dans toute évolution pour s'éloigner de l'agriculture industrielle[6].

Ou comme l'a fait observer Barry Lynn, une part importante de la production industrielle a été installée à l'étranger dans un trop petit nombre de régions, comme Taïwan par exemple. Si le tremblement de terre qui a frappé cette île le 21 septembre 1999 avait été « d'une magnitude supérieure de quelques dixièmes de point ou son épicentre plus rapproché de quelques kilomètres de Hsinchu, a-t-il souligné, des pans entiers de l'économie mondiale auraient pu être paralysés pendant des mois[7] ».

Qu'est-ce que la déglobalisation ? Bien que les propositions qui suivent proviennent principalement de l'expérience de sociétés du Sud, elles sont aussi pertinentes pour les sociétés du Nord.

La déglobalisation ne consiste pas à se retirer de l'économie internationale. Elle consiste plutôt en la réorientation des économies d'une focalisation sur la production pour l'export vers la production pour le marché local :

---

6. John Cavanagh et al., « Alternatives to Economic Globalization : a Better World is Possible », International Forum on Globalization, San Francisco, Berrett-Koehler Publishers, novembre 2002.

7. Barry Lynn, « Unmade in America : The True Cost of a Global Assembly Line », *Harper's*, juin 2002, p. 36.

– tirer la plupart des ressources financières, consacrées au développement du pays, de son activité intérieure plutôt que de dépendre des investissements étrangers et des marchés financiers étrangers ;
– mettre en œuvre les mesures qui n'ont que trop attendu de redistribution des revenus et des terres afin de créer un marché intérieur vivant qui assurerait l'ancrage de l'économie et produirait les ressources financières pour investir ;
– ne plus mettre l'accent sur la croissance mais maximiser l'équité afin de réduire radicalement les déséquilibres environnementaux ;
– ne pas s'en remettre au marché pour les décisions stratégiques, mais les soumettre au choix démocratique ;
– imposer le contrôle permanent de la société civile sur le secteur privé et sur l'État ;
– créer un nouveau complexe de production et d'échange, incluant des coopératives communautaires, des entreprises privées et l'État, mais excluant les entreprises transnationales ;
– faire du principe de subsidiarité[8] un principe sacré de la vie économique en encourageant

8. Principe selon lequel la responsabilité d'une action publique doit être confiée à la plus petite entité capable de la mener à bien. *(N.d.T.)*

> la production de biens aux niveaux local et national, à un coût raisonnable si possible, afin de préserver la communauté.

C'est, en outre, une approche qui en pleine conscience subordonne la logique du marché et la recherche du moindre coût aux valeurs de sécurité, équité et solidarité sociale. C'est, pour reprendre les termes du grand chercheur social démocrate Karl Polanyi, remettre l'économie dans la société plutôt que de laisser la société être dirigée par l'économie[9].

Il est vrai que l'efficacité en termes stricts de constante réduction des coûts unitaires pourra en souffrir, mais ce qui sera gagné – ou regagné devrait-on dire – sont les conditions pour le développement de l'intégrité, la solidarité, la communauté, la durabilité, et pour le développement de plus de démocratie de meilleure qualité.

Ce sont ces principes qui guident aujourd'hui de nombreuses entreprises audacieuses qui ont atteint un certain succès, principalement au niveau de la communauté locale. Comme Kevin Danaher de Global Exchange l'a souligné, la liste comprend des accords de commerce équitable entre les fermiers du Sud et les consommateurs du Nord dans le café

---

9. Voir Karl Polanyi, *The Great Transformation*, Boston, Beacon, 1957.

et d'autres produits de base, des mécanismes de microcrédit comme la banque Grameen, des systèmes de devise communautaire dénouant le lien entre les échanges et les systèmes monétaires globaux et nationaux et les liant à la production et la consommation locales, les budgets participatifs comme à Porto Alegre, et des éco-communautés durables comme Gaviotas en Colombie[10].

Le dieu régnant, cependant, est un dieu jaloux qui ne voit pas d'un bon œil la remise en cause de son hégémonie. Même la plus petite expérience doit être écrasée ou émasculée, comme l'impérieuse Banque de Thaïlande l'a montré quand elle a imposé à plusieurs villages du district de Kud Chum au nord-est du pays d'abandonner leur système d'échange local (SEL)[11]. À terme, la coexistence pacifique entre différents systèmes n'est malheureusement pas une option.

C'est pourquoi la déglobalisation ou reconquête du pouvoir au niveau local et national ne

---

10. Discours à l'Université de Montana, Missoula, Montana, 16 juin 2002.

11. Un système d'échange local (en anglais, *local exchange trading system, LETS*) est une monnaie locale émise par une communauté pour son propre usage. Au début du XXIe siècle, de tels systèmes apparaissent partout dans le monde aussi bien développé qu'en développement, mais sont généralement combattus ou bridés par les pouvoirs publics, car ils remettent en cause les prérogatives de l'État. Voir par exemple le sol violette, lancé à Toulouse le 6 mai 2011. *(N.d.T.)*

peut réussir que si elle a lieu dans un système alternatif de gouvernance économique globale. L'apparition d'un tel système est évidemment conditionnée par une forte réduction du pouvoir des grandes entreprises occidentales qui sont le principal moteur de la globalisation et de l'hégémonie politique et militaire des États – en particulier des États-Unis – qui les protègent. Mais même si nous élaborons des stratégies pour éroder le pouvoir des grandes entreprises et des États dominants, nous devons aussi envisager l'avenir et déjà préparer le terrain pour un système de gouvernance économique global alternatif.

Quels sont les contours de ce nouvel ordre économique mondial ? Des éléments de réponse à cette question se trouvent dans notre critique du système Bretton Woods-OMC : un système monolithique de règles universelles imposées par des institutions fortement centralisées pour promouvoir les intérêts des grandes entreprises – en particulier des corporations américaines. Chercher à remplacer ce système par un autre système global et centralisé de règles et d'institutions, quand bien même elles seraient fondées sur d'autres prémisses, a toutes les chances de reproduire le même schéma jurassique dans lequel ont été piégées des organisations aussi différentes que IBM, le FMI ou l'Union soviétique, c'est-à-dire l'incapacité d'accepter et de tirer profit de la diversité. Incidemment, l'idée selon laquelle la nécessité d'un ensemble centralisé de règles globales est une chose indiscutable et que le défi est de remplacer les règles néolibérales par un autre ensemble centralisé de règles sociales et démocratiques est une survivance de la variante techno-optimiste du marxisme qui imprègne à la fois les visions social-démocrate et léniniste du monde, produisant ce que l'auteur indien Arundhati Roy appelle la prédilection pour le « gigantisme ».

Le besoin aujourd'hui n'est pas pour une autre institution globale centralisée mais pour la déconcentration et la décentralisation des pouvoirs institutionnels et pour la création d'un système pluraliste d'institutions et d'organisations inter-agissant entre elles, guidées par des vues et accords communs larges et flexibles.

Ce n'est pas quelque chose de complètement nouveau. Car c'est dans le cadre d'un tel système pluraliste de gouvernance économique globale, où le pouvoir hégémonique était encore loin d'avoir été institutionnalisé en un ensemble d'institutions et d'organisations multilatérales toutes puissantes, que nombre de pays d'Amérique latine et d'Asie ont pu atteindre un minimum de développement industriel durant la période 1950-1970. C'est dans ce système pluraliste, sous l'égide de l'Accord général sur les tarifs douaniers et le commerce (GATT), dont les pouvoirs étaient limités, flexibles et plus bienveillants vis-à-vis du statut spécial des pays en développement, que les pays d'Asie de l'Est et du Sud-Est ont été capables de devenir les pays nouvellement industrialisés à travers des politiques industrielles et commerciales dirigées par l'État qui étaient fort éloignées de l'idéologie du libre-marché sous-tendant l'OMC.

Bien sûr, les relations économiques entre pays avant la tentative qui a commencé au début des années quatre-vingt d'institutionnaliser un marché libre unique n'étaient pas idéales, pas plus que ne l'étaient les économies du tiers-monde qui en résultaient. Elles ne remplissaient pas un certain nombre de besoins mis en lumière par les récents progrès en matière de féminisme, d'écologie et d'économie post-post-développement. Ce qu'elles soulignent est simplement que la situation avant 1994 montre que l'alternative à une « paix romaine économique » reposant sur le système Banque mondiale-FMI-OMC n'est pas un système hobbésien de nature. La réalité des relations internationales dans un monde caractérisé par la multiplicité des institutions internationales et régionales qui se contrôlent les unes les autres est bien éloignée de l'image de propagande d'un monde « méchant » et « brutal » que les partisans de l'OMC évoquaient afin de forcer les gouvernements des pays en développement à ratifier l'OMC en 1994.

Bien sûr, la menace d'action unilatérale par les puissants est toujours présente dans un tel système, mais c'est une menace que même les plus puissants hésitent à brandir par crainte des conséquences sur leur légitimité et des réactions qu'elle provoquerait sous la forme de coalitions d'opposants.

En d'autres termes, ce que les pays en développement et la société civile internationale devraient viser n'est pas de réformer les institutions de Bretton Woods et l'OMC au service des entreprises transnationales, mais, au travers d'une combinaison de mesures passives et actives, de soit a) les démanteler ; b) les neutraliser – en transformant par exemple le FMI en un pur organisme de recherche supervisant les taux de change des flux de capitaux globaux – ; c) réduire radicalement leurs pouvoirs et les transformer en un ensemble parmi d'autres coexistants avec et contrôlés par des organisations, accords et groupements régionaux internationaux différents. Cette stratégie inclurait le renforcement d'institutions et acteurs divers, comme la CNUCED, les accords multilatéraux sur l'environnement, l'Organisation internationale du travail et les blocs économiques régionaux.

Les blocs économiques régionaux du Sud seraient des acteurs importants dans ce processus de dévolution économique. Mais il faudrait qu'ils soient développés au-delà de leurs formes actuelles que sont l'Union européenne, le Mercosur en Amérique latine et l'ASEAN (Association of Southeast Asian Nations) en Asie du Sud-Est.

Un aspect clé du « renforcement », bien sûr, est de s'assurer que ces formations évoluent afin d'être davantage au service des gens et qu'elles cessent d'être seulement des projets des élites régionales. Le critère de l'efficacité économique prônée par la théorie néolibérale devrait être remplacé comme déterminant clé de l'union par « la capacité à construire ». C'est-à-dire que la dynamique actuelle du commerce, qui maintient les communautés et les pays prisonniers dans une division du travail qui entrave leurs possibilités au nom de « l'avantage comparatif » et « l'interdépendance », devrait être réorientée. Elle doit être transformée en un processus qui améliore les capacités des communautés, garantit que les clivages initiaux qui se développent à cause des accords de division du travail ne se figent pas en clivages permanents, et comprend des mécanismes – incluant des accords de partage des revenus, des capitaux et de la technologie – qui empêchent des accords abusifs d'exploitation de se développer au sein des communautés qui commercent entre elles.

Il va sans dire que la formation de tels blocs régionaux doit impliquer non seulement les gouvernements et les milieux des affaires, mais aussi les ONG et les organisations de la société civile. En effet, le programme pour un développement durable au service des populations ne peut réussir que s'il se développe démocratiquement à partir d'en bas plutôt que d'être imposé par les élites régionales, comme c'était le cas pour l'Union européenne, le Mercosur et l'ASEAN. L'intégration régionale est une condition de plus en plus essentielle au développement national, mais elle ne peut être effective que si elle est menée à bien en tant que projet d'union économique venant d'en bas.

Nombre d'éléments d'un système pluraliste de gouvernance économique globale existent déjà, mais il y en a sans aucun doute d'autres qui doivent encore être établis. Ici l'accent doit être mis sur la formation d'institutions internationales et régionales qui seraient consacrées à la création et à la protection de l'espace pour transférer la plus grande part des prises de décision en matière de production, de commerce et d'économie vers les niveaux régional, national et communautaire. Une de ces institutions est l'établissement d'une organisation internationale effective pour la préservation et le renforcement de l'économie des centaines de milliers d'économies indigènes à travers le monde.

Un rôle central des organisations internationales dans un monde où l'acceptation de la diversité est un principe central de l'organisation économique serait, comme le dit le philosophe britannique John Gray, « d'exprimer et de protéger les cultures locales et nationales en représentant et en abritant leurs pratiques distinctives[12] ».

Plus d'espace, plus de flexibilité, plus de compromis, voilà les objectifs du programme des pays du Sud et des efforts de la société civile internationale afin de construire un système nouveau de gouvernance économique globale. C'est dans un tel monde, plus fluide, moins structuré, davantage pluraliste, avec de nombreux contrôles et équilibres entrecroisés, que les nations et les communautés du Sud – et du Nord – pourront tailler l'espace dans lequel elles se développeront selon leurs valeurs, leur rythme et les stratégies de leur choix.

12. John Gray, *Enlightenment's Wake : Politics and Culture at the Close of the Modern Age*, Londres, Routledge, 1995, p. 181.

REMERCIEMENTS

CERTAINES parties de ce livre ont d'abord été publiées dans un rapport préparé pour la Commission sur la mondialisation du Parlement de la République fédérale d'Allemagne. Je voudrais remercier Ulrich von Weizäcker, Elmar Altaver, Marianne Beishem et les autres membres de la Commission et son personnel pour leurs encouragements et leur coopération.

Robert Molteno de Zed Books a été, comme d'habitude, très efficace pour mener à bien ce projet de sa conception à sa publication. Je lui en suis très reconnaissant.

Mes collaborateurs de Focus on the Global South et du département de Sociologie de l'Université des Philippines (UP) ont fourni un environnement propice à ce projet, comme l'ont fait le département de Sociologie et le Centre d'études sur l'Asie du Sud-Est de l'Université de

Californie à Los Angeles (UCLA), où a eu lieu la dernière phase d'écriture de ce livre. Je voudrais exprimer ma profonde gratitude à ces institutions et amis.

La plupart des idées exposées ici sont le fruit d'une entreprise collective, un mouvement vraiment global auquel j'ai eu la chance extraordinaire de participer. C'est à toutes les personnes remarquables de ce mouvement que je voudrais dédier ce livre. Il faut noter plus spécialement les collègues, camarades et collaborateurs du Forum social mondial (FSM), de la coalition Our World is not for Sale (Notre monde n'est pas à vendre), de l'Alliance asiatique pour la paix et du Forum international sur la mondialisation (FIM).

Anuradha Mittal, Nicola Bullard, Marylou Malig, Robin Broad, John Cavanagh, Shalmali Guttal, Aileen Kwa, Debi Barker, Barbara Gaerlan, Angkarb Korsieporn, Jim Heddle, Marybeth Brangen, Fred Zanoria, Tessie Zanoria, Mika Zanoria, Ike de la Cruz, Prosy de la Cruz, Suranuch Thongsila, Ami Ferrer, Patrick McGrath, Annette Ferrer, Allison Handler et Vernie Caparas ont apporté leurs encouragements, leur inspiration et leur amitié et m'ont soutenu à différentes étapes de la rédaction.

Enfin, je ne saurai remercier suffisamment mon épouse Maria Elena Abesamis pour son soutien constant, son amitié et sa camaraderie tout au long du projet.

Walden Bello
Los Angeles

POUR ALLER PLUS LOIN

Livres

BELLO Walden, BULLARD Nicola et MALHOTRA Kamal (édits.), *Global Finance*, Londres, Zed Books, 2000.

BRENNER Robert, *The Bubble and the Boom*, Londres, Verso, 2002.

BROAD Robin (édit.), *Global Backlash*, Lanham, Maryland, Rowman and Littlefield, 2002.

GEORGE Susan et SABELLI Fabrizio, *Faith and Credit*, Londres, Penguin, 1995.

GOLDSMITH Edward et MANDER Jerry, *The Case against the Global Economy*, Londres, Earthscan, 2001.

GRAY John, *False Dawn : the Delusion of Global Capitalism*, New York, New Press, 1999.

HINES Colin, *Localization : A Global Manifesto*, Londres, Earthscan, 2000.

JOHNSON Chalmers, *Blowback : The Costs and Consequences of American Empire*, New York, Henry Holt and Co, 2000.

KLEIN Naomi, *No Logo : Taking Aim at the Brand Bullies*, Londres, Harper Collins, 2001.

KORTEN David, *When Corporations Rule the World*, Bloomfield, Kumarian Press, 2001.

STIGLITZ Joseph, *Globalization and its Discontents*, New York, W.W. Norton, 2002.

Sites Internet

Focus on the Global South :
www.focusweb.org

Forum social mondial :
www.forumsocialmundial.org.br

Global Exchange :
www.globalexchange.org

Source Watch :
www.sourcewatch.org

INDEX

B

C

M

TABLE

Mise en pages par
Compo 66
Perpignan

Cet ouvrage a été achevé d'imprimer
en Italie par L.E.G.O. S.p.A

Éditions du Rocher
28, rue Comte-Félix-Gastaldi
98000 Monaco

Dépôt légal : septembre 2011